D1833307

हरिशंकर परसाई

22 अगस्त, 1924 को मध्य प्रदेश, होशंगाबाद के जमानी गाँव में जन्मे हरिशंकर परसाई का आरम्भिक जीवन कठिन संघर्ष का रहा। पारिवारिक जिम्मेदारियों के बीच उन्होंने नागपुर विश्वविद्यालय से हिन्दी में एम.ए. किया और फिर 'डिप्लोमा इन टीचिंग' का कोर्स भी।

उनकी प्रकाशित कृतियाँ हैं—'हँसते हैं रोते हैं', 'जैसे उनके दिन फिरे' (कहानी-संग्रह); 'रानी नागफनी की कहानी', 'तट की खोज' (उपन्यास); 'तब की बात और थी', 'भूत के पाँव पीछे', 'बेईमानी की परत', 'वैष्णव की फिसलन', 'पगडंडियों का जमाना', 'शिकायत मुझे भी है', 'सदाचार का तावीज', 'विकलांग श्रद्धा का दौर', 'तुलसीदास चन्दन घिसैं', 'हम इक उम्र से वाकिफ हैं', 'जाने-पहचाने लोग', 'कहत कबीर', 'ठिठुरता हुआ गणतंत्र' (व्यंग्य निबन्ध-संग्रह); 'पूछो परसाई से' (साक्षात्कार)। 'परसाई रचनावली' शीर्षक से छह खंडों में उनकी सभी रचनाएँ संकलित हैं। लगभग सभी भारतीय भाषाओं और अंग्रेजी में उनकी रचनाओं के अनुवाद हुए हैं।

उन्हें 'साहित्य अकादेमी पुरस्कार', मध्य प्रदेश के 'शिखर सम्मान' समेत कई पुरस्कारों से सम्मानित किया गया।

10 अगस्त, 1995 को उनका निधन हुआ।

सबसे बड़ा सवाल

हरिशंकर परसाई

भूमिका

विश्वनाथ त्रिपाठी

प्रदीप रंगकर्मी

राजकमल पेपरबैक्स

राजकमल पेपरबैक्स में
पहला संस्करण : 2024

राजकमल पेपरबैक्स : उत्कृष्ट साहित्य के जनसुलभ संस्करण

राजकमल प्रकाशन प्रा. लि.
1-बी, नेताजी सुभाष मार्ग, दरियागंज
नई दिल्ली-110 002
द्वारा प्रकाशित

शाखाएँ : अशोक राजपथ, साइंस कॉलेज के सामने, पटना-800 006
पहली मंजिल, दरबारी बिल्डिंग, महात्मा गांधी मार्ग, प्रयागराज-211 001
1, अनमोल सोराबजी सन्तुक लेन, धोबी तलाव, मरीन लाइंस, मुम्बई-400 002
वेबसाइट : www.rajkamalprakashan.com
ई-मेल : info@rajkamalprakashan.com

विकास कंप्यूटर एंड प्रिंटर्स
ट्रॉनिका सिटी-201 102
द्वारा मुद्रित

मूल्य : ₹199

SABASE BADA SAWAL
Play by Harishankar Parsai

ISBN : 978-93-6086-489-7

‘सबसे बड़ा सवाल’ तो मैंने यों ही दे दिया है। पर मेरा खयाल है, नाम फिल्म का दूसरा होना चाहिए : ‘चौपट राज की कथा’ या सिर्फ ‘चौपट राज्य’ या कोई और।

—हरिशंकर परसाई

भूमिका

'सबसे बड़ा सवाल' हरिशंकर परसाई का सम्भवतः एकमात्र नाटक है। अभी तक यह पाठकों-दर्शकों की नजरों से ओझल था। इसका प्रकाशन किया जा रहा है। यह अब रंगप्रेमियों को उपलब्ध हो पाएगा। इस नाटक के प्रकाशन के बाद मौलिक नाटकों की कमी कुछ हद तक दूर होगी। नाटक की कथावस्तु को देखते हुए यह अनुमान व्यक्त किया जा सकता है कि रंगजगत में इसका स्वागत बहुत गर्मजोशी से किया जाएगा। लेकिन, एक सच यह भी है कि परसाई की कहानियाँ लम्बे समय से रंग-समाज में समादृत रही हैं। अभिनेता-निर्देशक के साथ छोटी-बड़ी रंगमंडलियाँ भी समय-समय पर 'सदाचार का ताबीज', 'भोलाराम का जीव', 'एक लड़की—पाँच दीवाने', 'इंस्पेक्टर मातादीन चाँद पर', 'प्रेमियों की वापसी', 'घेरे के भीतर', 'एक फिल्म-कथा' आदि कहानियों के मंचन से वर्तमान समाज की विविध छवियों के प्रति समाज को जागरूक करती रही हैं। इस लिहाज से 'सबसे बड़ा सवाल' परसाई जी का पहला और आखिरी नाटक है, लेकिन नाटककार के रूप में उनकी ख्याति पहले से ही है।

नाटक की कथावस्तु यह है कि राज्य में चुनाव होने जा रहा है। अलग-अलग पार्टियों के नेता अपने पक्ष में प्रचार कर रहे हैं। पार्टियों के नाम रंगों के नाम पर रखे गए हैं। परसाई जी ने चार पार्टियों का नामोल्लेख किया है—'काली पार्टी' (यह वह पार्टी है जिस पर काले

धन वालों का कब्जा है), 'सफेद पार्टी' (इस पार्टी में सफेद लोग भी हैं और काले भी। कहना चाहिए, काले धन वाले लोग मोटी रकम चन्दे में देकर 'सफेद पार्टी' में घुस आए हैं), तीसरी पार्टी का नाम है—'पीली पार्टी' (उपद्रव करना इस पार्टी का मुख्य कार्यक्रम है)। इन तीनों से अलग एक पार्टी और है—'विजय पार्टी'। इस पार्टी में कई तरह के लोग हैं—पुराने मशहूर क्रान्तिकारी, राजनीति से रिटायर नेता, जनता द्वारा मारे गए नेता। इस पार्टी की ताकत है युवा पीढ़ी। इस माने में यह क्रान्तिकारी पार्टी है। हालाँकि, मैदान में मुख्य रूप से दो पार्टियाँ ही एक-दूसरे के आमने-सामने हैं।

'काली पार्टी' के नेता सेठ गरीबदास दवा कारखाने के मालिक हैं। विधवा-आश्रम चलाते हैं। सेठजी इस माने में कुख्यात हैं कि ये अपने कारखाने में नकली दवा बनाते हैं। इनके कारखाने में बनी नकली दवा की वजह से पच्चीस आदमियों की मौत हो जाती है। यह खबर आग की तरह फैलती है। जनता के क्रोध का ठिकाना नहीं रहता। जनमानस में अपनी छवि सुधारने के लिए सेठ जी अपनी बेटी मीना को चुनाव प्रचार में उतारते हैं। लेकिन, मीना भी लोगों के ऊपर कुछ खास असर नहीं छोड़ पाती है। फलत: सेठ गरीबदास चुनाव के लिए अपने पक्ष में वातावरण तैयार करने में विफल रहते हैं।

दूसरी बड़ी पार्टी 'सफेद पार्टी' के नेता हैं सेठ भिखारीदास। भिखारीदास सिर्फ नाम से भिखारी हैं। वास्तव में ये भी व्यापारी हैं। तेल का कारखाना है। जनता के दिलों में अपनी जगह बनाने के लिए अपने बेटे सुरेश को चुनाव प्रचार में उतारते हैं। लेकिन सुरेश भी तुरुप का इक्का साबित नहीं हो पाता है। होता यह है कि सभा को सम्बोधित करते समय ही जनता को यह सूचना मिलती है कि सेठ भिखारीदास के मिल में निर्मित तेल के खाने की वजह से बारह व्यक्तियों की मौत हो गई। जनता इस

खबर को पाकर तिलमिला उठती है। नतीजा यह निकलता है कि जनता भिखारीदास के भी खिलाफ हो जाती है।

दोनों बड़ी पार्टियों के नेताओं की पोल खुल जाने से वे परेशान हैं। लिहाजा, भिखारीदास गरीबदास से मिलकर बीच का रास्ता निकालने का निर्णय लेते हैं। लेकिन दोनों के बीच सुलह नहीं हो पाती है। सुलह नहीं होने की मुख्य वजह है कि दोनों ही नेता स्वार्थलोलुप हैं। कालाबाजारी करते हैं। इनकम टैक्स की चोरी करते हैं। बेईमानी, जमाखोरी, मिलावट करने में एक-दूसरे को पछाड़ देने की होड़-सी मची है।

इस दृश्य-विधान में परसाई जी ने बहुत सचेत रूप से दोनों नेताओं की स्वार्थलिप्सा पर से पर्दा हटाने के लिए पत्रकार को माध्यम बनाया है। पत्रकार के सवाल और उन दो नेताओं के जवाब से पाठकों-दर्शकों के समक्ष एक नये सच का उद्घाटन होता है। पत्रकार पहला ही सवाल करता है कि इस समय देश के सामने सबसे बड़ा सवाल क्या है तो दोनों नेता चुनाव जीत लेने को बड़ा सवाल मानते हैं। देश की मुख्य समस्या कुछ भी नहीं बताते हैं।

दोनों नेताओं के कारखाने ठीक से चल रहे हैं। अफसर लोग घूस खा रहे हैं। चारों ओर सुख-चैन है। सिर्फ एक समस्या उन्हें परेशान करती है कि इंस्पेक्टर, आबकारी या इनकम टैक्स वाले लोग मौका-बेमौका धमक पड़ते हैं।

हालाँकि, इसका भी हल उन लोगों ने निकाल लिया है। उन अफसरों की मुट्ठी गरम कर देने से समस्या का लोप हो जाता है। ऐसा वे देश को बाजार मानकर करते हैं। बाजार में चीजें बेची व खरीदी जाती हैं। ईमान भी बिकता है। नेतागण पैसे के बूते उनके ईमान को खरीद लेते हैं।

पत्रकार के गरीबी-अमीरी वाले सवाल पर दो टूक शब्दों में कहा जाता है कि यह तो भगवान का बनाया हुआ विधान है। इसे भला वे कैसे खत्म कर

सकते हैं? पत्रकार के सवालों से नेताओं की अन्तरराष्ट्रीय ज्ञान और समझ की भी पड़ताल की गई है। वियतनाम के बारे में पूछे जाने पर वे वियतनाम का नाम भगतराम नामक मुनीम से जोड़ते हैं। अमेरिका की राजधानी निक्सन नामक शहर बताते हैं। पड़ोसी देश से लड़ाई के बारे में वे कहते हैं कि लड़ाई रोज हो। इधर लड़ाई हुई नहीं कि उधर इन्होंने दाम बढ़ाए। लड़ाई को ये महान नेतागण वरदान मानते हैं। उनका स्पष्ट मत है कि देश में सिर्फ उनका और उनके धन्धे का चहुँओर विकास होना चाहिए। उनके प्रधान बन जाने भर से ही देश का हर नागरिक सुरक्षित हो जाएगा। और जो दुखी होगा, उसे या तो खत्म कर दिया जाएगा या देश-निकाला दे दिया जाएगा।

यह अन्धापन स्वार्थांधता है। कर्तव्य, ऐतिहासिक बोध, सामाजिकता नहीं दिखलाई पड़ती, केवल स्वार्थ दिखलाई पड़ता है। मानवता से रहित मनुष्यों का यह वास्तविक रूप है। मानव समाज में एक समूह भालुओं, मेमनों, मुर्गों, सूअरों, नकटों, सियारों, उल्लुओं का है, यद्यपि वे दिखते मनुष्य हैं। उनके आचरण और मनोविकार के अनुरूप उनका नाम-रूप निर्धारित किया जाए तो यही ठहरेंगे। यह जमात सक्रिय है। स्वातंत्र्योत्तर भारत में इसकी वृद्धि तेजी से हुई है।

परसाई के इस नाटक की संवाद-योजना देखते ही बनती है। शैली ऐसी मारक है कि आपको अन्दर से झकझोरती है। आप यह सोचने को मजबूर होते हैं कि जो कहा जा रहा है, उस संवाद को कहने के लिए अन्दर कितनी दूर तक गिरना पड़ता होगा। कहन में जो निडरता है, बेशर्मी है, क्या वह अनायास है? नहीं, उनके सारे उपक्रम, छल, छद्म, दोगलेपन की अभिव्यक्ति सोची-समझी रणनीति के तहत है। उन्हें पता है कि विरोध पक्ष के लोग इतने निर्बल हैं कि चाहकर भी उनका कुछ बिगाड़ नहीं सकते।

संवाद की बानगी देखिए। पत्रकार गरीबदास से सवाल करता है—"देश के लिए आपका कोई सन्देश है?"

जवाब सुनिए। गरीबदास कहते हैं—"देश? देश है कहाँ? हम हैं और हमारा धन्धा है। यदि मैं चुन लिया गया और हमारी पार्टी की सरकार बनी तो मैं ही उसका प्रधान बनूँगा। तब मैं जनता को समझाऊँगा कि देश क्या है। तब आप देखेंगे कि हर आदमी सुखी होगा। जो दुखी होगा, उसे या तो खत्म कर देंगे या देश-निकाला दे देंगे। नतीजा यह होगा कि देश में सब सुखी ही सुखी बचेंगे।"

इस वाक्य पर विशेष रूप से ध्यान दीजिए—जो दुखी होगा, उसे या तो खत्म कर देंगे या देश-निकाला दे देंगे। —इस वाक्य का वर्तमान समय की कोई घटना या वाकया के साथ आप साम्य स्थापित कर पा रहे हैं? आपके जेहन में किसी समकालीन नेता की छवि उभर रही है? खत्म कर देने और गोली मार देने में क्या फर्क है? उन्हें खत्म कर दिया जाएगा जो दुखी होंगे। उन्हें गोली मारी जाएगी जो गद्दार होंगे।

एक अन्य दृश्य में वक्ता सेठ गरीबदास की तारीफ करते हुए कहता है—"सेठ जी की देश-सेवा ऐसी है कि 'वे देश की आजादी में पच्चीसों बार विदेशी सत्ता की पुलिस की गोलियाँ खा चुके हैं'।"

सभा में उपस्थित एक आदमी सवाल करता है—"पच्चीस बार गोली लगी तो मरे क्यों नहीं?"

वक्ता का जवाब सुनिए—"यही सेठ जी की खूबी है। उनमें बड़ी ताकत है। कोई भी उनका कुछ नहीं बिगाड़ सकता। बड़े-बड़े अफसर इनकम टैक्स चोरी और जमाखोरी में उन्हें गिरफ्तार करने आते हैं, पर सेठ जी के प्रताप से लोहे की हथकड़ियाँ सोने की हो जाती हैं। और जो पकड़ने आए थे, वे सेठ जी के चरण छूकर चले जाते हैं।"

संवादों के चुटीलेपन को देखते हुए यह कहने का मन होता है कि यह सेठ जी की खूबी नहीं, परसाई जी की है। यह कैसा चमत्कार है जिससे लोहे की हथकड़ियाँ सोने की हो जाती हैं? सेठ जी का यह

कैसा प्रताप है कि गिरफ्तार करने वाले अफसर सेठ जी के चरणों की धूल माथे लगाते हैं?

परसाई के संवादों का भीतरी तल सपाट नहीं है। वह इतना मर्मस्पर्शी है कि आपको आन्दोलित करता है। आप सजग, संवेदनशील पाठक-दर्शक हैं, तो मुसीबत और भी बढ़ जाएगी। जैसे आप चिलचिलाती धूप में किसी लाल बत्ती पर खड़े हैं, और ग्रीन सिग्नल का इन्तजार कर रहे हैं। उनके संवादों से गुजरते हुए आप ऐसे ही बेचैन होंगे। बाह्य शक्तियाँ इतनी मजबूत हैं कि आप ऐसे दृश्य को पढ़कर अन्दर से तिलमिलाएँगे, लेकिन उससे छुटकारा पाने का रास्ता आप ढूँढ़े नहीं ढूँढ़ पाएँगे। ऐसे कई दृश्य हैं, जहाँ आम जनता ने इन अमानवीय स्थितियों का विरोध किया। प्रतिकार करने पर उनका स्वागत डंडों से किया गया।

एक दृश्य में भिखारीदास के पक्ष में प्रचार किया जा रहा है। माइकवाला माइक पर यह उद्घोषणा कर रहा है—"नगर सेठ भिखारीदास देश की सेवा के लिए चुनाव लड़ रहे हैं। उनका चुनाव चिह्न साइकिल है।"

भीड़ में से एक आदमी कहता है—"ये साइकिल पंचर है। बोलो लड़को, ये साइकिल पंचर है।"

माइकवाला पहले इस आदमी का मुँह दारू पिलाकर बन्द करना चाहता है। दारू से बात नहीं बनती है तो पैसे दिये जाते हैं। पैसे लेकर वह आदमी थोड़ी देर चुप रहने के बाद फिर से भ्रष्टाचारियों, दो नम्बरियों को हराने की बात करने लगता है।

माइकवाला कहता है—"अरे, इसका मुँह बन्द नहीं हुआ?"

वह आदमी टका-सा जवाब देता है—"सच्चाई का मुँह कभी बन्द नहीं होता।"

कोई और उपाय न देख माइकवाला अपने गुंडों से उस आदमी से निपटने के लिए कहता है। और फलत: सेठ के किराये के गुंडे

पहले उसे पीट-पीटकर अधमरा कर देते हैं, फिर उसे उठाकर बाहर फेंक आते हैं।

सवाल गुंडागर्दी का नहीं है, बल्कि इस बात का है कि शासक वर्ग की नजर में आम जन की हैसियत भेड़-बकरी से भी कमतर है। ऐसा नहीं होता तो वे खुलेआम लोगों के ईमान को खरीदने की बात नहीं करते। चुनाव जीतने के लिए आम जन को एक-दूसरे के सामने दस रुपये, पन्द्रह रुपये नहीं बाँटते। वे इतने बड़े तानाशाह एवं लम्पट हैं कि किसी को भी जेल में डाल सकते हैं। किसी को भी उठवा सकते हैं। किसी को भी झूठे मुकदमे में फँसा सकते हैं।

स्वातंत्र्योत्तर भारत में कथनी-करनी की विपरीतता ने जो नाटकीयता उत्पन्न की है, वह इस नाटक के आधार में है। इस विपरीतता और नाटकीयता में सफल शोषकों का स्वाँग और अभावग्रस्त जन की पीड़ा है। इस पीड़ा का विभावन है। यह पीड़ा-बोध परसाई के सौन्दर्य-बोध का अंग है। वे व्यंग्य के पैने हथियार से हमारी अमानवीयता और कमजोरियों को छील-छीलकर नैतिक दृष्टि से अधिक विकसित मनुष्य गढ़ते हैं। उनका सतर्कताबोध उनके व्यंग्य को वैज्ञानिक नैतिकता और सौन्दर्य-बोध से जोड़ता है। यह बोध वर्तमान की परतों और नाटकीयता को उघाड़ता है। वह विभिन्न मनोविकारों को परस्पर सम्बद्ध करके करुणा की भूमि का विस्तार करता है। वह पहले की अपेक्षा अधिक मनोविकारों और जीवन स्थितियों से संपृक्त है।

नाटक में कई दृश्य ऐसे हैं, जहाँ शासक वर्ग के कथनी-करनी में फर्क साफ तौर पर देखा जा सकता है। मोहभंग की स्थिति में छात्र नेता, मजदूर नेता तथा भुखमरों का नेता बारी-बारी से राज्य-प्रधान को उसके किये वायदे की याद दिलाते हैं। उनके कर्तव्यों को झकझोरते हैं। राज्य-प्रधान को बताया जाता है कि बेरोजगारी हट नहीं रही, शिक्षित युवाओं को रोजगार नहीं मिल पा रहा है। देश में धाँधली ऐसी मची है कि धनवाले

और ज्यादा मालदार हो रहे हैं। गरीब और भी गरीब होता जा रहा है। महँगाई आसमान छू रही है। प्राइवेट कम्पनियाँ कम वेतन देकर मजदूरों से अधिक काम ले रही हैं। मजदूर पिस रहा है।

भुखमरों का नेता राज्य-प्रधान से यह कहकर गुहार लगाता है—"हम राज्य-प्रधान और उनकी सरकार से माँग करने आए हैं कि हमें अनाज दो। मुनाफाखोरों ने दाम इतने बढ़ा दिये हैं कि हम खरीद नहीं सकते। हम भूखे मरते हैं। हमारे बच्चे भूखे मरते हैं। अनाज मुनाफाखोरों ने दबा लिया है और कालाबाजार में बेचते हैं। सरकार का कोई कंट्रोल उन पर नहीं है। सस्ता अनाज देने का इन्तजाम करो, वरना भूखे पेट में बड़ी आग होती है। इस आग में तुम, तुम्हारे मंत्री और असेम्बली के सारे मेम्बर जिन्हें हमने वोट दिये थे, भस्म हो जाएँगे।"

लेकिन, इतना कुछ कहने-समझाने-झकझोरने का राज्य-प्रधान पर कोई असर नहीं होता। जनता रोजमर्रा की समस्या से त्रस्त है और राजा यह कहते हुए इन समस्याओं पर पर्दा डालना चाहता है—"देखिए, इस तरफ अँधेर नगरी है, उस तरफ भेड़िया राज है। दोनों से हमारे सम्बन्ध खराब हैं। सीमा पर तनाव है। ये देश हमारे देश को नष्ट करना चाहते हैं। इस समय छोटी समस्याओं में न उलझकर, सब एक होकर देश की रक्षा के लिए कमर कस लें। हमें देश की स्वतंत्रता, उसकी अखंडता और गौरव की रक्षा करनी है।"

राजा को भूखे पेट की समस्या छोटी लगती है। यह अन्तर है—शोषक और शोषित की विचार-दृष्टि में।

परसाई के यहाँ विरोध पक्ष यही सामान्य अभावग्रस्त जन-जीवन है जिसे लोलुप अमानवीय तत्त्वों ने वंचित कर रखा है, जो शोषण के कारागार में कैद और व्यस्त है, जो चीख-पटक के साथ यातना में सक्रिय है, जिसकी राशन की दुकानों पर लम्बी कतारें हैं, जो लड़कियों की शादी

के लिए दहेज देने में असमर्थ है, जिसके बच्चे फीस के अभाव में स्कूल नहीं जा सकते, जिसकी छँटनी होती है और जिस पर गोली चलाई जाती है, जिसे देखकर गले लगाकर परसाई का रोने का मन करता है। यह अपार सम्भावना शक्ति से भरपूर है—महावीर हनुमान की भाँति, 'गोदान' के हीरो की भाँति। इन्हें जाग्रत करके शक्तिशाली बनाना, जिससे ये अपना हक पा सकें या छीन सकें—आज की सारी मानवीय चेष्टाओं की सार्थकता होगी। मानवतावाद की कसौटी यही है कि संवेदना इसी विशाल जन को समर्पित हो। इसी को जाग्रत और शक्तिशाली बनाने की संवेदना एवं प्रेरणा को 'करुणा' कहा जाएगा। करुणा जो मानवीय साधना का बीज-भाव है। यह वंचित किन्तु सम्भावनापूर्ण 'जन' ही परसाई की रचनाओं का नायक है।

मीना और सुरेश युवा पीढ़ी के प्रतिनिधि पात्र हैं। दोनों एक दूसरे से प्रेम करते हैं। परसाई जी ने इन दो पात्रों का सृजन वर्तमानता का बोध कराने के लिए किया है। युवाओं के आदर्श, देश के प्रति उनके कर्तव्य को उद्घाटित करने के लिए उनका होना लाजिमी भी था। पुरानी पीढ़ी भ्रष्ट है। कालाबाजारी करती है। उनमें उम्मीद की कोई किरण दिखलाई नहीं पड़ती। लेकिन, नई पीढ़ी—युवा पीढ़ी तो आम-जन का उद्धार कर सकती है। परसाई के मन में यह बात रही होगी, तभी उन्होंने मीना और सुरेश के शब्द-चित्र बनाए हैं।

प्रेम में आदमी ईमानदार होता है। ऐसे उदात्त क्षण में प्रेमी छल-छद्म से दूर रहता है। पात्रों के मनोविज्ञान को सामने लाने में परसाई की अचूक पकड़ है। जब पुरानी पीढ़ी के नेताओं की पोलें खुल जाती हैं, तो वे युवा पीढ़ी, विशेष कर प्रेमी युगल को उपस्थित करते हैं। उनमें आम-जन के प्रति संवेदना, करुणा की परीक्षा लेते हैं।

'काली पार्टी' के नेता गरीबदास चुनाव जीतने के लिए अपना आखिरी दाँव यह चलते हैं कि चुनाव की जिम्मेदारी अपनी बेटी मीना को देते हैं। इस

दृश्य की शुरुआत में मीना अपने पिता गरीबदास से यह कहती है—"आप और सेठ भिखारीदास, दोनों भ्रष्टाचारी, कालाबाजारिये और टैक्स-चोर के रूप में जाने जाते हैं। और मैं जानती हूँ कि वे सही कहते हैं।"

यहाँ युवा पीढ़ी का स्पार्क पाठकों-दर्शकों को मीना के प्रति सहज अपनापे से विभोर कर जाता है। लेकिन इस छोटे दृश्य का अन्त मीना की इस स्वीकारोक्ति से होता है—"अच्छा, बाबूजी, नाराज मत होइए। आपकी लड़की हो गई हूँ, तो आपका काम करूँगी। कल से मैं चुनाव प्रचार पर निकल जाऊँगी।"

दूसरी तरफ, सेठ भिखारीदास चुनाव-प्रचार पर लाखों रुपये खर्च करने के बाद निराश और क्रोधित हैं। ऐसे में उन्हें डबल एम.ए. पास अपने बेटे सुरेश की याद आती है। इस दृश्य में गरीबदास चुनाव-प्रचार की जिम्मेदारी सुरेश को लेने के लिए कहते हैं। सुरेश अपने पिता का बहुत विरोध नहीं करता है। बस, इतना कहता है—"आपकी बदनामी बहुत है।"

भिखारीदास जैसे इस वाक्य को सुनने के लिए तैयार बैठे थे। उन्होंने तपाक से कहा—"इसी को तुम्हें ठीक करना है। ऐसे जोरदार भाषण दो कि सब लोग मेरी जय बोलने लगें।"

आज्ञाकारी पुत्र सुरेश अपने पिता की आज्ञा टाल नहीं पाता और यह कहकर चुनावी मैदान में कूदने के लिए अपनी सहमति व्यक्त करता है—"मेरा मन तो नहीं करता पर फिर भी आप पिता हैं, इसलिए आपका काम करूँगा।"

यह है समझौतापरस्त युवा पीढ़ी। प्रेमी-युगल। कोई मूल्य नहीं। कोई आदर्श नहीं। जहाँ बहा ले गए उनके अभिभावक, बह निकले। न अतीत की समझ और न ही वर्तमान के प्रति सचेत।

ऐसे में भविष्य के चित्र का अनुमान लगाया जा सकता है। संवेदनशील पाठक-दर्शक को इन युवाओं की कार्यप्रणालियों से कितनी

निराशा हाथ लगेगी, यह कहने की जरूरत नहीं है। साधन-सुलभ युवा अवसरवाद की गोद में बैठ जाते हैं। चुनावी मैदान में उन्हें जनता से फटकार मिलती है। फलतः वे 'विजय पार्टी' में शामिल हो जाते हैं।

यह बहुत विचित्र बात है कि परसाई ने इस नाटक में जनता के जागरूक शब्द-चित्र बनाए हैं और युवाओं को अकर्मक, समझौतापरस्त। लेकिन, जब नाटक का अन्त होता है, तो यह जागरूक जनता भीड़ में तब्दील हो जाती है। राजा के पाखंड, ओवर-एक्टिंग छल के सामने घुटने टेक देती है। नतीजतन, जिस राजा से जनता को भारी शिकायत है, जिन्हें वे फौरन गद्दीच्युत करना चाहते हैं, उन्हें वे अगले दस साल के लिए कुर्सी पर बने रहने की अपनी सहमति दे डालते हैं।

परसाई जी के इस नाटक के दृश्यों का कम्पोजीशन कमाल का है। जान पड़ता है, वह लिखते समय इसे मंचित होता हुआ भी देख रहे थे। कम्पोजीशन का सम्बन्ध पात्रों या दृश्यों को कुछ ऐसे क्रम में रखना कि उसका पाठक-दर्शक पर प्रदर्शनपरक प्रभाव अच्छा पड़े। शम्भु मित्र उत्पल दत्त के बारे में अक्सर ही कहा करते थे कि उत्पल दत्त के निर्देशन में मंच पर अभिनेताओं को कुछ ऊपर, कुछ नीचे अलग-अलग तरीके से ऐसे खड़ा किया जाता है कि वह बहुत तरतीब से किया कम्पोजीशन होता है, और एक कम्पोजीशन को तोड़कर कैसे दूसरा तैयार हो जाता है।

हरिशंकर परसाई ने भी अपने इस नाटक में दृश्यों को प्रभावी मंचन के लिहाज से क्रम दिया है। इस सन्दर्भ में एक दृश्य का उल्लेख करना समीचीन होगा। चौथे दृश्य में सेठ गरीबदास की लड़की मीना सभा को सम्बोधित कर रही है। वह जनता को यह समझा रही है कि ऐसे आदमी को चुनाव में चुनकर भेजना चाहिए जो भ्रष्ट न हो। और ऐसा वही आदमी हो सकता है, जिसकी तिजोरी खाली न हो। जिसकी तिजोरी खाली होगी, वह कुर्सी पर बैठते ही अपनी तिजोरी भरने में जुट जाएगा। इसके बाद मीना

जनता को यह आश्वासन देती है कि उसके पिता करोड़पति हैं, लिहाजा वे भ्रष्टाचार नहीं करेंगे।

सभा के बीच से एक आदमी टका-सा जवाब देता है कि वे दूसरी तिजोरी खोलकर उसे भरने लगेंगे, तो क्या होगा?

मीना द्वारा जनता को अपने छल, छद्म में फँसाने का खेल चल ही रहा होता है—"इसी समय एक खाली अरथी लेकर बीस-पच्चीस लोग निकलते हैं। अरथी पर लाश नहीं है। लोग बोल रहे हैं—'राम नाम सत्य है, सत्य बोले गत्य है।' सभा में हलचल मच जाती है।"

अरथी के बारे में पूछने पर पता चलता है कि अरथी ले जानेवाला अपने एक रिश्तेदार को अस्पताल ले जा रहा है। दाह-क्रिया का सामान साथ में इसलिए ले जा रहा है—"आजकल पूरी तैयारी के साथ जाना चाहिए। क्या पता, जहाँ इसके प्राण बचाने ले जा रहे हैं, वहाँ नकली और घटिया दवा से इसके प्राण चले जाएँ। आपने सुना नहीं, हाल ही में ऐसी दवा देने से पच्चीस आदमी मर गए? इसलिए कफन-दफन की तैयारी से निकले हैं।"

जनता को यह पता करने में देर नहीं लगती कि दवा गरीबदास के कारखाने की थी। 'गरीबदास, मुर्दाबाद' के नारे लगने शुरू हो जाते हैं। मीना स्थिति को सँभाल नहीं पाती है और जीप में बैठकर भाग जाती है।

इस दृश्य में मीना द्वारा सभा का सम्बोधन, उसके द्वारा अपने पिता को ईमानदार साबित करने की कोशिश करना—लेकिन परसाई जी कथ्य की निरर्थकता को उजागर करने के लिए चतुराई से खाली अरथी का प्रवेश दृश्य में करवा देते हैं। ऐसा होने मात्र से दर्शकों में कौतूहल होगा। साथ ही दृश्य में सम्बोधन और अरथी के आमने-सामने होने से दृश्य कम्पोजीशन भी निखर उठेगा।

यह गौर करने वाली बात है कि आरम्भ, मध्य तथा अन्त सिर्फ नाटक का ही नहीं होता, बल्कि नाटक के दृश्यों का भी होता है। यहाँ तक

कि एक अच्छे नाटक में पात्रों के मध्य संवादों के भी आरम्भ, मध्य और अन्त होते हैं। और ऐसा तभी सम्भव है जब नाटककार ने आलेख लिखते समय कुशल कम्पोजीशन का ध्यान रखा हो। परसाई जी ने अपने इस नाटक को अंकों में विभाजित नहीं किया है। नाटक के दृश्यों से गुजरने पर ऐसा करना उचित ही प्रतीत होता है। नाटक में छोटे-बड़े कुल छब्बीस दृश्य हैं। दृश्य-चौदह सबसे छोटा है। इस दृश्य में अखबारवाला लड़का 'विजय पार्टी' के जीतने की सूचना दे रहा है। यह सूचना भी उपलब्ध कराई जा रही है कि 'विजय पार्टी' सबसे बड़ी पार्टी के रूप में उभरी जरूर है, लेकिन उसके पास स्पष्ट बहुमत नहीं है। हम इस दृश्य को नाटक का मध्यान्तर मान सकते हैं। पहले के तेरह दृश्यों में चुनाव जीतने के लिए रणनीति बनाना, पार्टियों का अपने-अपने पक्ष में वातावरण तैयार करना, सभा को सम्बोधित करना, 'सफेद पार्टी' द्वारा चुनाव जीतने के लिए मन्दिर के आगे मांस के टुकड़े रखकर साम्प्रदायिक दंगे करवाना आदि है। इन तेरह दृश्यों का कम्पोजीशन इस तरह से किया गया है कि जान पड़ता है, सब कुछ पाठकों-दर्शकों की आँखों के सामने घटित हो रहा है।

शेष बारह दृश्यों में सरकार बनाने के लिए बहुमत जुटाने, नम्बरों को खरीदने, सरकार बन जाने के बाद विधवा आश्रम का उद्घाटन करने, राज्य की बदतर हालत को बहाल रखने, युवा नेता, भुखमरों का नेता, मजदूर नेताओं के दृश्य से नाटकीय कार्यव्यापार को आगे बढ़ाया गया है।

कम्पोजीशन का गहरा सम्बन्ध नाटकीय तनाव से भी है। यदि दो पात्रों में तनाव है, तो कम्पोजीशन अपने-आप बन जाएगा। सच माने में नाटकीय तनाव का वास्तविक प्रस्फुटन प्रदर्शन के स्तर पर होता है। उसकी अभिव्यक्ति दृश्यों अथवा संवादों के माध्यम से होती है। संवेदनशील पाठक को इसमें निहित नाटकीय तनाव की पहचान होती है। शुरू के आठ दृश्यों में दो बड़ी पार्टियों के प्रचार और फिर जनता में उनके प्रति अविश्वास

का अंकन हुआ है। छठे दृश्य में गरीबदास और भिखारीदास के मिलने से दोनों के बीच गठजोड़ का समीकरण बनने लगता है। लेकिन मुश्किल यह है कि दोनों में से कोई भी चुनाव से नाम वापस नहीं लेना चाहता। दोनों के तर्क हैं कि अब तक चुनाव प्रचार के धन्धे में लाखों की लागत लग गई है। परसाई जी ने कुशलता से नाटकीय तनाव का सृजन किया है। दो बड़ी पार्टी—दोनों की पोलें खुल चुकी हैं। जनता दोनों को नकार चुकी है। फिर ऐसी कौन-सी पार्टी होगी जो चुनाव में जनता के दिलों पर राज करेगी? जनता जिसे विजय का तिलक करेगी। इस तनाव को बुनने के बाद परसाई जी नौवें दृश्य में एक ऐसी पार्टी का परिचय जनता से करवाते हैं जिसका नाम 'विजय पार्टी' है। इस पाटी के अधिकांश सदस्य राजनीति के माहिर खिलाड़ी हैं। वे कुशल वक्ता होने के साथ जनता की नब्ज पर हाथ रखना जानते हैं। उन्हें पता है कि जनता से किस भाषा में संवाद करने पर उसका अचूक प्रभाव जन-मन पर पड़ेगा।

बाबू विजय नारायण इस पार्टी के सबसे वयोवृद्ध और क्रान्तिकारी नेता हैं। जनता से उनका सम्बोधन सुनिए—"मैंने कभी चुनाव नहीं लड़ा। मैं नगरपालिका तक का सदस्य नहीं हुआ। यदि मैं चाहता तो इस राज्य का प्रधान हो सकता था, पर मैं सत्ता से दूर रहा। अब आप पूछेंगे कि 'विजय पार्टी' को मैं समर्थन क्यों दे रहा हूँ? इस कारण कि बाकी सब पार्टियाँ असफल सिद्ध हो चुकी हैं। कोई पार्टी परिवर्तन करना नहीं चाहती और न उसमें इतना दम है। इसलिए देश को एक ऐसी पार्टी की जरूरत थी जिसमें सब लोग शामिल हो सकते हैं। यह पार्टीविहीन राजनीति की शुरुआत है। इस पार्टी में पुराने नेता, बेकार नेता जो देश के काम आ सकते हैं, छात्र, स्त्रियाँ यहाँ तक कि जेबकतरे और चोर भी आ सकते हैं। क्योंकि यह सबकी पाटी है।"

यह उद्धरण जनता को यह विश्वास दिलाने के लिए काफी है कि जनता समझने लग जाए कि यह उनकी पार्टी है।

एक अन्य दृश्य में नाटकीय तनाव का विस्तार देखिए। राज्य-प्रधान मगन है। उसने अपने चुनावी सम्बोधन में सत्ता में जाने वाले को जनता का सेवक बताया था। वह जनता का सबसे बड़ा सेवक-चौकीदार है। प्रधान सेवक की चौकीदारी ऐसी है कि जनता गरीबी, भ्रष्टाचार, महँगाई, बेरोजगारी, भुखमरी से त्रस्त है, और वह उनकी एक नहीं सुनता। लेकिन, इस बार बात हद से आगे निकल जाती है। जनता किसी भी हाल में बैठना-समझना नहीं चाहती है। उसके मन में आक्रोश इतना भर गया है कि वे सत्ता-परिवर्तन की माँग पर अड़ जाते हैं। ऐसा होना-करना स्वाभाविक है। विजय पार्टी को इसलिए कुर्सी दी गई थी कि इस पार्टी ने आम-जन के मन में अपने लिए सच्ची एवं ईमानदार पार्टी होने का भरोसा जगाया था। इस पार्टी ने लोक-मन को यह विश्वास दिलाया था कि डूबते देश को कोई बचा सकता है तो वह 'विजय पार्टी' है। यह पार्टी लोगों में यह सन्देश देने में कामयाब हो गई कि वह सबका विकास करेगी। जैसे आज की सबसे बड़ी पार्टी सबका साथ-सबका विकास कर रही है। यह वही पार्टी है जिसने अपने चुनावी सम्बोधन में कहा था—"इस देश की चादर बिलकुल फट चुकी है। जिस चादर के तार-तार हो गए हैं, उसमें पैबन्द नहीं लग सकते। चादर को बदलना ही पड़ेगा और यह पूर्ण क्रान्ति के बिना नहीं होगा।"

इतनी बड़ी-बड़ी बातें और चुनाव जीतने के बाद जनता को उसके हाल पर छोड़ देना। उसके मन में सत्ता के प्रति मोहभंग नहीं होगा तो क्या होगा? आलम यह है कि दृश्य अठारह से लेकर दृश्य बीस तक छात्र नेता, मजदूर नेता, भुखमरों के नेता बारी-बारी से प्रधान सेवक के समक्ष अपनी बदहाल स्थिति की गुहार लगाते हैं। लेकिन उन्हें सिर्फ आश्वासन मिलता है। गरीब और मध्यवर्ग की स्थिति में कोई सुधार नहीं किया जाता है। दृश्य इक्कीस में अनाज की समस्या को हल करने के लिए विदेशों से बिल्लियाँ बुलाने के प्रस्ताव की मंजूरी दी जाती है। गहन शोध

करने के बाद यह बात सामने आई है कि देश में अन्न की कमी चूहे की वजह से है। दृश्य चौबीस में राज्य-प्रधान कहता है—"सब मेरे खिलाफ हो गए हैं। मैंने इस देश के लिए क्या नहीं किया? भ्रष्टाचार मिटाने के लिए तावीज बनवाए। अनाज की समस्या हल करने के लिए विदेशों से बिल्लियाँ बुलाईं। उत्पादन बढ़ाने के लिए पूँजीपतियों को लाइसेंस और बैंक से पैसे दिलवाए। पर अब सब मेरे खिलाफ हो गए हैं—लड़के मेरे खिलाफ, मजदूर मेरे खिलाफ, गरीब मेरे खिलाफ, साधु मेरे खिलाफ।"

राज्य की हालत चरमरा गई है। प्रधान सेवक सकते में है। कुर्सी कैसे बचाई जाए, इस पर गहन मंथन चल रहा है। परसाई जी ने बहुत धैर्य के साथ नाटकीय तनाव की बनावट की है। दृश्य चौबीस के अन्त में राज्य-प्रधान अपने गृहमंत्री से कहता है कि जनता का दिल कैसे जीता जाता है, वह जानता है। और फिर वह दो दिन के बाद चौपट चौक में एक जनसभा को सम्बोधित करने का निर्णय लेता है।

निर्धारित समय पर राज्य-प्रधान जनता के समक्ष उपस्थित होता है। तनाव अपने चरम पर है। अब क्या होगा? राज्य का प्रधान सेवक गरीबों, बेरोजगारों, किसानों से किस भाषा में और कैसे अपनी बात रखेगा? क्या राज्य की बदतर स्थिति का जिम्मा किसी और के सिर देगा? पड़ोसी देश ऐसे संकट की घड़ी में उबारने के लिए बड़े सहायक होते हैं। क्या पता, राज्य-प्रधान तमाम समस्याओं के लिए उसे ही जिम्मेदार ठहरा दे!

इस नाटकीय तनाव को इसे पढ़ते हुए पाठकों को गुजरना पड़ सकता है और नाटक के मंचन के समय दर्शकों को। इससे पहले कि पाठक-दर्शक किसी और दिशा में सोचने को विवश हों, राज्य-प्रधान बोलना शुरू करता है।

अरे यह क्या, वह तो स्वयं को ही धिक्कारने लगा! उपस्थित जन-समूह के सामने स्वयं को ही पापी साबित करने लगा! वह प्रजा से अपनी

जान ले लेने की गुहार लगाने लगा! बानगी देखिए—"बहनो और भाइयो, सबसे पहले मैं यह कह दूँ कि मैं अपना बचाव करने नहीं आया, अपने पाप स्वीकार करने आया हूँ (एजेंट तालियाँ बजवाते हैं)। सचमुच मुझे बड़ी ग्लानि है कि तीन साल मुझे सत्ता में हो गए और मैं जनता को सुखी नहीं बना सका। इस ग्लानि से मुझे नींद नहीं आती। तुलसीदास ने कहा है—'जासु राज प्रिय प्रजा दुखारी, सो नृप अवस नरक अधिकारी'। जिस शासक के राज में प्रिय प्रजा दुखी हो, वह नर्क जाने का अधिकारी है। मैं इस तैयारी के साथ आया हूँ कि मुझ जैसे पापी राज्य-प्रधान को जिसकी प्रजा दुखी है—उसे प्रजा यहीं इसी चौपट चौक पर मारकर नर्क भेज दे। (तालियाँ) आप लोग तालियाँ मत बजाइए, मुझे धिक्कार कहिए। हाय, कितनी गरीबी, कितनी भुखमरी, कितनी मुसीबत इस जनता को है! जब मैं इसे देखता हूँ तो मुझे रोना आता है।" (रूमाल से आँखें पोंछता है)

पाखंड का कैसा प्रदर्शन! ओवर-एक्टिंग का कैसा व्यापार! छद्म-विनम्रता, दुख-प्रदर्शन आदि आत्म-विज्ञापन के विविध रूप हैं। जैसे व्यापारी वस्तुओं का विज्ञापन करके उसका फायदा उठाता है, वैसे ही नेता छद्म-विनम्रता का प्रदर्शन करके फायदा उठाते हैं। इसका आचरण 'ओवर-एक्टिंग' में प्रकट होता है।

ओवर-एक्टिंग परसाई की रचनाओं का महत्त्वपूर्ण मूल्यबोधक शब्द है। छद्म, बनावट, बदनीयती, व्यक्तित्व की आन्तरिक कमजोरी अनिवार्यत: ओवर-एक्टिंग का रूप धारण करती है। प्राय: प्रत्येक क्षेत्र में बदनीयती ओवर-एक्टिंग करती है—व्यापारिक विज्ञापन, आत्मविज्ञापन, साहित्य, राजनीति, सबमें। संवेदना के बिना उसका आचरण या भाव की मात्रा से अधिक अनुभाव ओवर-एक्टिंग है। संवेदना का अभाव और बाह्यत: उसका आडम्बर 'ओवर-एक्टिंग' स्वातंत्र्योत्तर भारत में सफलता का सोपान बन गई है।

परसाई के इस नाटक का रंग-शिल्प ठीक वैसा नहीं है, जैसाकि 'आधे-अधूरे' (मोहन राकेश) या फिर 'सूर्य की अन्तिम किरण से सूर्य की पहली किरण तक' (सुरेन्द्र वर्मा) का है।

'आधे-अधूरे' का नाटककार नाटक में दर्ज हरेक रंग-विन्यास के प्रति सचेत है। इसलिए कोई भी रंगमंचीय कार्य-व्यापार को सामने लाने के पूर्व उसके बारे में विस्तार से बताता है। वह यह तक बताना नहीं भूलता है कि जब सावित्री महेन्द्रनाथ से बात कर रही होगी, तो महेन्द्रनाथ बात करने के अलावा अन्य किन-किन गतिविधियों में शामिल होगा। जैसेकि पुरानी फाइलों को झाड़ना, अखबार जेब से निकालकर खोल लेना आदि। सिर्फ इतना ही नहीं, मंच-व्यवस्था का स्वरूप कैसा होगा, कौन-सी वस्तु कहाँ रखी जाए, वह दिखने में कितनी पुरानी होगी, घर को अस्त-व्यस्त दिखाने के लिए कौन से कपड़े कहाँ रखे जाएँ, चाय के कप यूँ ही छोड़ देने आदि के रंग-निर्देश। यानी कि मोहन राकेश ने रंग-निर्देशों के माध्यम से सब कुछ नियत कर दिया है। कालान्तर में उनके द्वारा दिये रंग-निर्देशों का ज्यादातर बड़े रंगकर्मियों ने हू-ब-हू पालन किया है। जाहिर है, राकेश ने मंच-व्यवस्था के साथ-साथ पात्रों के अनुकूल जो गहन शोधपरक विवरण दिये हैं, वह नाटक को कहीं भी किसी भी स्पेस में मंचित करने की पूरी आजादी नहीं देते हैं।

'सूर्य की अन्तिम किरण से सूर्य की पहली किरण तक'—इस नाटक के नाम में जैसी काव्यात्मकता झलकती है, कथ्य के साथ-साथ मंच तकनीक में भी वैसी ही काव्यात्मकता पर विशेष बल दिया गया है। कहना चाहिए, कथ्य को वहन करने के तकनीकी उपादानों में मंच-व्यवस्था का अहम स्थान तो होता है, पर इस नाटक में इससे बढ़कर प्रकाश की विविधवर्णी छटा कथ्य की सम्प्रेषणीयता के लिए अनिवार्य है। नाटककार ने इस तथ्य की तरफ संकेत अंक-विभाजन के समय ही

कर दिया है। पहला अंक है—मंच एवं समय-सन्दर्भ शयन-कक्ष, सूर्यास्त। दूसरा अंक है—शयन-कक्ष एवं समय-सन्दर्भ हैं—रात्रि के विभिन्न प्रहर तथा तीसरे अंक में भी मंच के रूप में शयन-कक्ष एवं समय-सन्दर्भ में सूर्योदय को लिया गया है। यानी यह नाटक सारी रात की घटनाचक्रों को अपने में समेटे है।

जाहिर है, नाटक में दर्ज तकनीकी पक्षों की काव्यात्मकता की अभिव्यक्ति कहीं भी किसी भी स्पेस में नहीं की जा सकती है। इस नाटक का प्रदर्शन विशेष मंचीय वातावरण में ही सम्भव है। राजेन्द्र गुप्त के निर्देशन में इस नाटक का मंचन जब पाँचवें भारत रंग महोत्सव (2003) में किया गया था, उस वक्त मंच तकनीक अपनी सम्पूर्ण जीवन्तता के साथ साकार हो उठी थी। नाटक में दर्ज रंग-संकेत अर्थ-सम्प्रेषण में गहनता पैदा कर रहे थे। लेकिन दूसरी तरफ यह अर्थ भी द्योतित हो रहा था कि इसका मंचन रंगद्वारी मंच के बिना सम्भव नहीं है।

परसाई के इस नाटक का आरम्भ सूत्रधार से होता है जिसे उन्होंने 'एक आदमी' का नाम दिया है। यह 'एक आदमी' मंच पर एक बार के लिए आता है, लिहाजा नाटक शुरू किये जाने सम्बन्धी घोषणा मंच-पार्श्व से भी की जा सकती है। चूँकि दृश्य एक से नाटक की शुरुआत होती है, इसलिए परसाई पार्टियों एवं उनके कार्यक्रम की चर्चा थोड़ा ठहरकर करते हैं। लेकिन जब रंग-निर्देश देने की बारी आती है तो परसाई जनतांत्रिक प्रविधि अपना लेते हैं। दृश्य एक का रंग-निर्देश देखिए—एक बड़ा भारी घोड़े का चित्र। सैकड़ों कार्यकर्ता। कारें। सेठ जी के चुनाव एजेंट बच्चों को टॉफी बाँट रहे हैं। बड़े को खुलेआम दस-दस रुपये के नोट। एक आदमी खुली जीप पर माइक लिये बैठा है। बस, इतना ही। इस पहले दृश्य के आरम्भ में ही मंच-व्यवस्था के लिए जो रंग-निर्देश दिये गए हैं, उसके प्रति नाटककार का विशेष आग्रह नहीं दिखता। जाहिर है, परसाई जी

का मंच-सम्बन्धी यह निर्देश आग्रहपूर्ण नहीं है। अब जैसे इस संवाद को लीजिए। माइकवाला कहता है—"अरे, क्या इसे दस रुपये नहीं दिये?" चिल्लानेवाला कहता है—"मेरा ईमान दस रुपयों में नहीं बिकता। बोलो, गधे की जै।"

परसाई का रंग-निर्देश देखिए—"लड़के चिल्लाने लगते हैं बोलो, गधे की जै!" यदि परसाई जी रंग-निर्देश नहीं भी देते तो लड़के चिल्लाते ही। इसी तरह के रंग-निर्देश पूरे नाटक में देखने को मिलते हैं।

नाटक सत्तर-अस्सी के दशक में लिखा जान पड़ता है। वह समय नाट्यालेख और प्रदर्शन-सम्बन्धी रंग-दृष्टि में व्यापक बदलाव का दौर था। जड़ों की तरफ वापसी के नारे दिये जा रहे थे। भारतीय रंग-दृष्टि की खोज पर बल दिया जा रहा था। औपनिवेशिक रंगमंचीय प्रारूप से नितान्त अलग शिल्प और शैली में भारतीयता की जमीन तलाशी जा रही थी। उस लिहाज से परसाई जी का यह नाटक अपने समय-समाज की जटिलताओं को उजागर करने में सटीक बैठता है। इस नाटक में जिस तरह से प्रकाश के अधिक चमक-दमकपूर्ण प्रयोग के प्रति उदासीनता है, जिस तरह मंच-सामग्री की अधिक तड़क-भड़क से परहेज है, और इन सबके बीच अभिनेताओं को जैसी जगह दी गई है, वह आज के सन्दर्भ में विशेष रूप से प्रासंगिक है।

नाटकीयता परसाई के समस्त लेखन का महत्त्वपूर्ण—शायद सर्वप्रधान—अंग है। नाटकीयता उनके द्वारा रचित साहित्य में सर्वव्याप्त है लेकिन 'सबसे बड़ा सवाल' घोषित नाट्य-रचना है—रूप की दृष्टि से भी। परसाई की यह इकलौती नाट्य-रचना पाठकों, दर्शकों के बीच लोकप्रिय होगी, इसे अलग से कहने की आवश्यकता नहीं।

—विश्वनाथ त्रिपाठी

प्रदीप रंगकर्मी

सबसे बड़ा सवाल

दृश्य 1

[एक आदमी आता है और कहता है—"यह कहानी एक ऐसे राज्य की है जहाँ प्रजातंत्र है। इस राज्य में सब कुछ चौपट हो गया है इसलिए 'चौपट राज्य' कहते हैं। इस चौपट राज्य में एक 'काली पार्टी' है। 'काली पार्टी' इसलिए नाम रखा गया है क्योंकि इस पर काले धन वालों का कब्जा है। एक 'सफेद पार्टी' है, जिसमें सफेद लोग भी हैं और काले लोग भी। काले लोग मोटी रकम चंदे में देकर 'सफेद पार्टी' में घुस गए हैं। एक 'पीली पार्टी' है। इस पार्टी का कार्यक्रम उपद्रव है।

'चौपट राज्य' में चुनाव हो रहे हैं। 'काली पार्टी' के उम्मीदवार सेठ गरीबदास हैं और 'सफेद पार्टी' के उम्मीदवार सेठ भिखारीदास हैं। यों ये दोनों सही मानी में उम्मीदवार नहीं, नाउम्मीदवार हैं—यानी जीतने की उम्मीद नहीं है। 'पीली पार्टी' किसी महन्त की तलाश में है, जिसे चुनाव लड़वा दिया जाए। लीजिए, चुनाव का माहौल शुरू होता है। यह सेठ गरीबदास का चुनाव जुलूस!"]

[एक बड़ा भारी घोड़े का चित्र। सैकड़ों कार्यकर्ता। कारें। सेठ जी के चुनाव एजेंट बच्चों को टॉफी बाँट रहे हैं। बड़े को खुलेआम दस-दस रुपये के नोट। एक आदमी खुली जीप पर माइक लिये बैठा है।]

माइकवाला : बोलो, सेठ गरीबदास की...

भीड़ : जै!

माइकवाला : गरीबों के साथी गरीबदास की...

भीड़ : जै!

माइकवाला : घोड़े की...

भीड़ : जै!

[एक आदमी बीच में चिल्ला पड़ता है।]

चिल्लानेवाला : बोलो, गधे की—जै!

माइकवाला : यह कौन है जी? गलत नारे लगाता है।

चिल्लानेवाला : मैं ठीक नारा दे रहा हूँ। वह गधा ही तो है, जिसके लिए वोट माँग रहे हो।

माइकवाला : अरे, क्या इसे दस रुपये नहीं दिये?

चिल्लानेवाला : मेरा ईमान दस रुपयों में नहीं बिकता। बोलो, गधे की—जै!

[लड़के चिल्लाने लगते हैं—बोलो, गधे की—जै!]

एजेंट : *(चिल्लानेवाले से)* तो तुम्हारे ईमान की कितनी कीमत है?

चिल्लानेवाला : सौ रुपये।

एजेंट : लो, ये सौ रुपये और चुप रहो।

माइकवाला : जीतेगा भई जीतेगा...

भीड़ : घोड़ेवाला जीतेगा!

[नारे लगते जाते हैं।]

माइकवाला : भैया, वोट किसे देंगे?

भीड़ : घोड़ेवाले को!

माइकवाला : माता, वोट किसे देंगी?

भीड़ : घोड़ेवाले को!

माइकवाला : बहनें, वोट किसे देंगी?

भीड़ : घोड़ेवाले को!

[चिल्लानेवाला बीच में चिल्ला पड़ता है।]

चिल्लानेवाला : भैया, माता-बहन वोट देंगी 'गधे' को!

एजेंट : क्यों जी, सौ रुपये भी ले लिये और फिर वही हरकत? तुम्हारा ईमान है?

चिल्लानेवाला : सेठ का ईमान है? सब धंधा तो बेईमानी का है।

एजेंट : पर तुमने पैसे तो ले लिये हैं।

चिल्लानेवाला : हाँ, बेईमानी के पैसों में से पैसे दिये हैं। इसलिए मैं नमकहराम हो गया हूँ। बोलो, गधे की जै! कालाबाजारिये की जै! बेईमान की जै!

एजेंट : यह ऐसे नहीं मानेगा।

[एजेंट एक गुंडे को इशारा करता है। तीन-चार गुंडे उसे पीटकर उठाकर दूर छोड़ आते हैं। जुलूस आगे बढ़ता है। नारे लगाते हुए। एक मैदान में जुलूस खत्म होता है और सभा होती है।]

एक वक्ता : भाइयो और बहनो! सभा में मेरी बीवी भी बैठी है, इसलिए उसे छोड़कर बाकी सब बहनो! सेठ गरीबदास, जैसाकि उनके नाम से ही मालूम होता

है, गरीबों के दास हैं। वे हमेशा गरीबों के भले के बारे में सोचते रहते हैं।

एक आदमी : सोचते ही रहते हैं या करते भी हैं?

वक्ता : बहुत कुछ करते हैं। वे गर्मी में जगह-जगह प्याऊ खुलवाते हैं। 'सेठ गरीबदास प्याऊ' को शहर में कौन नहीं जानता! वे प्याऊ न खुलवाते तो गरीब प्यासे मर जाते।

चिल्लानेवाला : यानी लोग याद रखें कि सेठ गरीबदास ने उन्हें पानी पिलाया।

वक्ता : सेठ जी बड़ों-बड़ों को पानी पिला चुके हैं। मैं तुम्हें जानता हूँ। तुम 'सफेद पार्टी' के एजेंट हो। हमारे सेठ जी तुम्हारी पार्टी को भी पानी पिला देंगे। तो भाइयो, सेठ गरीबदास की देश-सेवा को कौन नहीं जानता! वे देश की आजादी में पच्चीसों बार विदेशी सत्ता की पुलिस की गोलियाँ खा चुके हैं।

एक आदमी : पच्चीस बार गोली लगी तो मरे क्यों नहीं?

वक्ता : यही सेठ जी की खूबी है। उनमें बड़ी ताकत है। कोई भी उनका कुछ नहीं बिगाड़ सकता। बड़े-बड़े अफसर—इनकम टैक्स चोरी और जमाखोरी में उन्हें गिरफ्तार करने आते हैं, पर सेठ जी के प्रताप से लोहे की हथकड़ियाँ सोने की हो जाती हैं। और जो पकड़ने आए हैं, वे सेठ जी के चरण छूकर चले जाते हैं।

एक आदमी : सेठजी के चरण हैं कि पाँव?

वक्ता : फालतू बात मत करो। पाँव तो भुखमरे फड़तूस के होते हैं। सेठों के चरण होते हैं। तो भाइयो, ये कुछ

विरोधी पार्टियों के लोग सभा में गड़बड़ी कर रहे हैं। आप लोग इनकी बातों पर ध्यान मत दीजिए। ये लोग तरह-तरह के आरोप सेठ गरीबदास जी पर लगाते हैं। कहते हैं कि वे भ्रष्टाचारी हैं, कालाबाजारी करते हैं, इनकम टैक्स की चोरी करते हैं। पर मैं पूछता हूँ—क्या वे कभी पकड़े गए? वे कभी नहीं पकड़े गए। यही उनकी योग्यता है।

एक आदमी : वे मिलावट करते हैं।

वक्ता : तो क्या गलत करते हैं? मेल-जोल तो अच्छी चीज है। एक चीज में दूसरी चीज मिला दी जाए, तो यह भाईचारा ही तो हुआ न! और फिर भगवान खुद मिलावटी हैं। भगवान का नरसिंह अवतार क्या मिलावटी नहीं है? आधे 'नर' और आधे 'सिंह'! सेठ जी परम वैष्णव हैं। इसीलिए मिलावटी भगवान की तरह मिलावट करते हैं। सेठ जी को अगर जहर घी से सस्ता मिल जाए तो वे घी में जहर मिला देंगे। इससे देश को कितना फायदा होगा! लोग मरेंगे, आबादी घटेगी और हमारी कई समस्याएँ हल हो जाएँगी। तो भाइयो और बहनो! मैं इसलिए नहीं कह रहा हूँ कि मेरी पत्नी भी यहाँ बैठी है। तो भाइयो, यदि सेठ जी को आपने जिता दिया तो वे देश के अर्थ-मंत्री होंगे और जिस चतुरता से वे कई करोड़ के हो गए हैं, उसी चतुराई से देश को मालदार कर देंगे। वे दुनिया के हर देश को धोखा देकर पैसा ले लेंगे। चावल का सौदा करेंगे और भूसा भेज देंगे।

दृश्य 2

[एक बड़ा भारी साइकिल का चित्र। बच्चों और प्रौढ़ों की भीड़। बच्चों को चाकलेट और बड़ों को पन्द्रह-पन्द्रह रुपये खुलेआम बाँटे जा रहे हैं। कुछ लोग देसी शराब की खुली बोतलें लिये हैं और पी रहे हैं। एक आदमी खुली जीप पर माइक लिये बैठा है।]

माइकवाला : भाइयो और बहनो—नहीं, मैं किसी को बहन नहीं मानता। इसलिए भाइयो और औरतो! जैसा आप जानते हैं, नगर सेठ भिखारीदास देश की सेवा के लिए चुनाव लड़ रहे हैं। उनका चुनाव-चिह्न 'साइकिल' है।

चिल्लानेवाला : ये साइकिल पंचर है। बोलो लड़को—ये साइकिल पंचर है।

[लड़कों को मजा आता है और वे चिल्लाते हैं—ये साइकिल पंचर है।]

माइकवाला : अरे, कुछ दारू-वारू पिलाकर इस आदमी का मुँह बन्द करो!

चिल्लानेवाला : दारू से तो मुँह और खुलता है।

माइकवाला : तो मुँह काहे से बन्द होता है?

चिल्लानेवाला : रुपये से।

माइकवाला : *(सेठ के आदमी से कहता है)* दो इसे सोलह रुपये।

चिल्लानेवाला : मेरा मुँह बहुत बड़ा है, वह सोलह रुपये में बन्द नहीं होगा। डेढ़ सौ में बन्द होगा।

[सेठ का आदमी उसे डेढ़ सौ रुपये दे देता है।]

माइकवाला : बोलो, सेठ भिखारीदास की जै! साइकिल की जै!

[जुलूस चलता है। नारे लगते हैं।]

माइकवाला : जीतेगा भई जीतेगा!

भीड़ : भिखारीदास जीतेगा!

माइकवाला : जीतेगा भई जीतेगा!

भीड़ : साइकिलवाला जीतेगा!

माइकवाला : हारेगा भई हारेगा!

भीड़ : साइकिलवाला हारेगा!

माइकवाला : अरे नहीं, घोड़ेवाला हारेगा कहो।

भीड़ : घोड़ेवाला हारेगा।

चिल्लानेवाला : हारेगा भई हारेगा—
भ्रष्टाचारी हारेगा—
हारेगा भई हारेगा—
दो नम्बरिया हारेगा!

माइकवाला : अरे, इसका मुँह बन्द नहीं हुआ?

चिल्लानेवाला : सच्चाई का मुँह कभी बन्द नहीं होता।

माइकवाला : अरे भई, जरा इससे निबटो।

[सेठ के किराये के तीन-चार गुंडे उसे पीट-पाटकर उठाकर दूर डाल आते हैं।]

[जुलूस आगे बढ़ता है। नारे...]

माइकवाला : भैया, वोट कहाँ देंगे?

भीड़ : साइकिल छाप वाले को।

माइकवाला : बहनें, वोट किसे देंगी?

भीड़ : साइकिल छाप वाले को।

माइकवाला : माता, वोट किसे देंगी?

भीड़ : साइकिल छाप वाले को।

[आखिर एक मैदान में पहुँचकर जुलूस सभा की शक्ल ले लेती है। सेठ जी का एजेंट भाषण देता है।]

एजेंट : भाइयो और बहनो, सेठ भिखारीदास भिखारियों के भी दास हैं। गरीबदास तो अपने को गरीब का दास कहता है। पर सेठ भिखारीदास भिखारी का भी दास है।

एक आदमी : भिखारीदास ने भिखारियों के लिए क्या किया?

एजेंट : दुनिया जानती है कि सेठ जी हर पूर्णिमा को भिखारियों को गल्ला बाँटते हैं।

दूसरा आदमी : हाँ, ऐसा सड़ा गल्ला जिसे कुत्ते तक नहीं सूँघते।

एजेंट : ये सब फालतू बातें हैं। सेठ जी ने एक अनाथालय भी खोला है।

एक आदमी : और अपनी मिल के कितने मजदूरों को मरवाकर कितने अनाथ बनाए?

दूसरा आदमी : और अनाथालय के नाम पर चंदा इकट्ठा करके भी तो खाते हैं।

एजेंट : तुम लोग उस सेठ गरीबदास के खरीदे हुए एजेंट हो। वही गरीबदास जो महान भ्रष्टाचारी, मुनाफाखोर, टैक्स-चोर है। हमारे सेठ जी बिलकुल पाक-साफ आदमी हैं। वे प्रभु के भक्त हैं। जो करते हैं, प्रभु के लिए। सारा धन प्रभु को अर्पित है। कितनी बार अफसरों ने टैक्स-चोरी और जमाखोरी के लिए छापा मारा, पर सेठ जी ने कह दिया—'मेरा कुछ नहीं है। जो कुछ है, प्रभु का है। क्या आप लोग प्रभु पर टैक्स लगाने का पाप करेंगे? प्रभु के माल की जब्ती का पाप करेंगे?' और चमत्कार देखिए—सेठ जी के प्राइवेट मन्दिर के कृष्ण की मूर्ति के हाथ में सुदर्शन चक्र आ गया और वे लोग भाग खड़े हुए।

एक आदमी : कालाबाजारिये का भगवान भी काला होता है।

दूसरा आदमी : झूठे का भगवान भी झूठा!

तीसरा आदमी : दो नम्बरी का भगवान भी दो नम्बरी! सच्चा भगवान होता तो सुदर्शन चक्र सेठ जी पर ही चलाता।

चौथा आदमी : प्राइवेट कम्पनी का भगवान भी प्राइवेट है।

एजेंट : फालतू बातें मत करो। सेठ जी जनता के आदमी हैं। गरीबों, भिखारियों, अनाथों का भला करनेवाले हैं।

[भीड़ में लोग चिल्ला उठते हैं—'झूठ है! झूठ है! भ्रष्टाचारी हारेगा! हारेगा!']

[हुल्लड़ होने से सभा भंग हो जाती है।]

दृश्य 3

[सेठ गरीबदास की बैठक। सेठ जी और उनके चुनाव एजेंट बैठे हैं।]

सेठ जी : कैसा काम चल रहा है?

एक एजेंट : बहुत बढ़िया चल रहा है। फर्स्ट क्लास जुलूस और बढ़िया सभा। गली-गली आपकी जय बोली जा रही है!

सेठ जी : अरे, जय तो पैसा बुलवाता है। अपने-आप कोई मेरी जय बोलता है? और तुम्हारी सभा तो एक हुल्लड़ होती है। मुझे सब मालूम है। लाखों रुपये खर्च हो रहे हैं और काम दो कौड़ी का नहीं!

दूसरा एजेंट : नहीं सेठ जी, काम हो रहा है। डोर-टु-डोर दरवाजे-दरवाजे प्रचार हो रहा है।

सेठ जी : अरे, डोर-टु-डोर नहीं, विंडो-टु-विंडो करो, पर नतीजा क्या है? तुम लोग तो मुझे डुबा दोगे।

[सब कुछ सेकेंड चुप रहते हैं।]

सेठ जी : आज से मेरे चुनाव की जिम्मेदारी मेरी लड़की मीना लेगी। स्त्रियों का असर ज्यादा पड़ता है। फिर वह

राजनीति में एम.ए. है। सुन्दर है। *(पुकारते हैं)* मीना! ए बेटी मीना!

[मीना भीतर से आती है।]

मीना : कहिए, बाबूजी!

गरीबदास : देखो बेटी, मेरी इज्जत का सवाल है। मुझे जीतना ही चाहिए। अभी हालत ऐसी है कि मेरी हार के लक्षण दिख रहे हैं। अब तुम मेरे चुनाव प्रचार का पूरा जिम्मा ले लो। तुम पढ़ी-लिखी हो, होशियार हो, स्त्री हो। तुम जब जनता से अपील करोगी, तो लोग तुम्हारी बात मानेंगे।

मीना : पर पिताजी, आप चुनाव क्यों लड़ना चाहते हैं?

गरीबदास : सब लोग क्यों लड़ते हैं?

मीना : बहुत लोग तो जनता की सेवा करके चुनाव लड़ते हैं। पर आप और सेठ भिखारीदास, दोनों भ्रष्टाचारी, कालाबाजारिये और टैक्स-चोर के रूप में जाने जाते हैं। और मैं जानती हूँ कि वे सही कहते हैं।

गरीबदास : *(हतप्रभ रह जाते हैं)* तू मेरी लड़की होकर मेरे ही मुँह पर ऐसी बात करती है!

मीना : पिता का तो ऐसा है, बाबूजी, कि कोई अपना बाप नहीं चुनता। किसी को यह हक नहीं मिला कि वह जन्म के पहले अपना बाप चुन ले। यह तो एक 'एक्सीडेंट' है कि कौन किसका बेटा या बेटी हो जाए। मुझे अधिकार होता तो मैं कभी आप जैसे को अपना पिता नहीं चुनती।

गरीबदास : *(क्रोध में)* कैसी बदतमीजी की बात करती है! तू मेरी बेटी हो गई, यह दुर्घटना है? शिक्षा के कारण तेरा दिमाग खराब हो गया है। सब लड़के-लड़की बिगड़ गए हैं। ऐसा जानता कि तू ऐसी निकलेगी तो तुझे पढ़ाता ही नहीं।

मीना : अच्छा, बाबूजी, नाराज मत होइए। आपकी लड़की हो गई हूँ तो आपका काम करूँगी। कल से मैं चुनाव-प्रचार पर निकल जाऊँगी।

दृश्य 4

[दूसरे दिन से मीना काम शुरू कर देती है। बढ़िया चूड़ीदार और स्कर्ट! बढ़िया मेकअप।]

सभा-संचालक : अब आपके सेठ गरीबदास की विदुषी सुपुत्री, जो राजनीति पढ़ी हुई है, अपने विचार प्रकट करेंगी।

मीना : देवियो और सज्जनो, मैं सेठ गरीबदास की तरफ से इसलिए आपसे अपील करने नहीं आई कि वे मेरे पिता न होते तो भी मैं उनकी तरफ से काम करती। सबसे बड़ा सवाल यह है कि हम आदमी को चुनाव में चुनकर भेजें। हमें ऐसे आदमी को भेजना चाहिए जो वहाँ जाकर भ्रष्ट न हो! ऐसा कौन आदमी हो सकता है? ऐसा वही आदमी हो सकता है, जिसकी तिजोरी लबालब भरी हो, जिसमें और जगह ही नहीं हो। पर यदि आप किसी ऐसे फड़तूस को भेज दें जिसकी तिजोरी खाली है या तिजोरी है ही नहीं, तो वह वहाँ जाकर पैसे खाने लगेगा और जनता का भला नहीं करेगा। मेरे पिता

करोड़पति हैं, यही इस बात की गारंटी है कि वे भ्रष्टाचार नहीं करेंगे।

एक आदमी : वे दूसरी तिजोरी खोलकर उसे भरने लगेंगे।

दूसरा आदमी : भ्रष्टाचार एक आदत है। यह छूटती नहीं।

मीना : पर इसका क्या सबूत है कि वे भ्रष्टाचारी हैं? भ्रष्टाचारी होते तो एकाध बार गिरफ्तार तो होते।

एक आदमी : पैसे खिलाकर बच जाते हैं।

मीना : ऐसा नहीं है। वे व्यापारी हैं। व्यापार के अपने तरीके होते हैं। ये तरीके उन्होंने अपनाए, तो क्या बुरा किया? पर अब चौथेपन में उनकी लौ दो तरफ लगी है—भगवान की तरफ और जनता की सेवा की तरफ। उन्हें आप चुनकर भेजें और देखें कि वे जनता के लिए क्या नहीं करते।

एक आदमी : जनता की सेवा सूदखोरी से करेंगे?

मीना : नहीं, वे ऐसा नहीं करेंगे।

एक आदमी : हम लोग आपको वोट दे देंगे। आप चुनाव में खड़ी हो जाइए।

मीना : मैं पल्ला फैलाकर आपसे उनके लिए वोट की भीख माँगती हूँ।

एक आदमी : बहन जी, पल्ला तो साड़ी का होता है। आप स्कर्ट पहने हैं। स्कर्ट का पल्ला कैसे फैलाएँगी?

[हँसी। मीना झेंप जाती है।]

[इसी समय एक खाली अरथी लेकर बीस-पच्चीस लोग निकलते हैं। अरथी पर

लाश नहीं है। लोग बोल रहे हैं—'राम नाम सत्य है, सत्य बोले गत्य है!' सभा में हलचल मच जाती है।]

मीना : आप लोग शान्त रहिए। कोई मैयत जा रही है। मृतात्मा की शान्ति के लिए प्रार्थना कीजिए।

कुछ लोग : यह मैयत नहीं है। अरथी खाली है।

[लोग उन्हें रोकते हैं।]

भीड़ का एक आदमी : यह क्या मामला है? आप लोग खाली अरथी लिये हैं! लाश तो है ही नहीं!

आदमी : बात यह है कि वह जो रिक्शे में बैठा है, हम लोगों का आदमी है। हम उसे अस्पताल ले जा रहे हैं।

पूछनेवाले : पर यह दाहक्रिया का सामान क्यों ले जा रहे हो?

आदमी : इसलिए कि आजकल पूरी तैयारी के साथ जाना चाहिए। क्या पता, जहाँ इसके प्राण बचाने ले जा रहे हैं, वहाँ नकली और घटिया दवा से इसके प्राण चले जाएँ। आपने सुना नहीं, हाल ही में ऐसी दवा देने से पच्चीस आदमी मर गए? इसलिए कफन-दफन की तैयारी से निकले हैं।

पूछनेवाले : वह दवा किसके कारखाने की थी?

आदमी : सेठ गरीबदास के कारखाने की।

[शोरगुल! हत्यारा! नकली दवा से लोगों की जान लेता है।]

[एक आदमी नारे देता है :
नकली दवावाला गरीबदास—मुर्दाबाद!
हत्यारा गरीबदास—मुर्दाबाद!]

एक आदमी : बहन जी, देख लिया आपने? यह आपके पिता का चरित्र है।

दूसरा आदमी : नकली दवा बेचकर लोगों की जान लेते हैं।

तीसरा आदमी : इसी तरह जनता की सेवा चुने जाने के बाद भी करेंगे।

मीना : *(घबड़ाहट में)* नहीं, नहीं, यह झूठ है!

कई लोग : यह सच है! यह सच है! गरीबदास मुर्दाबाद।

[सभा भंग हो जाती है।]

[मीना जीप में बैठकर भाग जाती है।]

दृश्य 5

[सेठ भिखारीदास की बैठक। सेठ जी अपने एजेंटों-सलाहकारों के साथ बैठे हैं। सेठ जी निराश हैं और क्रोध में हैं। कहते हैं—लाखों रुपये खर्च हो रहे हैं और मेरा मुर्दाबाद हो रहा है। तुम लोग क्या काम करते हो?]

एक एजेंट : काम तो हम जी-तोड़ कर रहे हैं। और फिर यह तो जनता है, बहक जाती है। पर वोट पड़ने के एक दिन पहले हम पैसे बाँटकर और शराब पिलाकर सबको अपनी ओर खींच लेंगे।

भिखारीदास : शराब तो गरीबदास भी रात को पिलाएगा और पैसे भी बाँटेगा।

दूसरा एजेंट : चुनाव जीतने का तरीका ही यह है कि जो गरीबों, मजदूरों, हरिजनों को रात को 'आखिरी' शराब पिलाए। गरीबदास को हम शाम को शराब पिला लेने देंगे। फिर आधी रात के बाद हम लोग शराब पिलाएँगे और नशे में झूमते वोटरों को वोट डालने ले जाएँगे। सब वोट आपको मिल जाएँगे।

भिखारीदास : अरे, पहले शहर में वातावरण तो बनना चाहिए। मध्यम वर्ग भी तो है। नहीं, तुम लोगों से नहीं होगा।

मेरा लड़का सुरेश जो डबल एम.ए. है, वही मेरे चुनाव प्रचार का इंचार्ज होगा। *(पुकारते हैं)* सुरेश! बेटा सुरेश!

[सुरेश 'आया पापाजी' कहता हुआ हाजिर होता है।]

भिखारीदास : देखो, चुनाव का माहौल गरमा गया है। गरीबदास की वह लड़की मीना चुनाव प्रचार में कूद पड़ी है। मैं चाहता हूँ कि मेरे चुनाव प्रचार की जिम्मेदारी तुम ले लो।

सुरेश : पर पापाजी, मुझे समझ में नहीं आता कि आप चुनाव क्यों लड़ रहे हैं।

भिखारीदास : क्यों लड़ रहा हूँ? अरे घर में भगवान का दिया सब कुछ है। इतनी दौलत है। बस, एक चीज नहीं है—मेम्बरी।

सुरेश : मेम्बरी को क्या आप फ्रिज में रखेंगे?

भिखारीदास : फ्रिज में क्यों रखूँगा? अरे, जम गया तो मंत्री बन जाऊँगा। फिर मेरे बाद तुम शान से कह तो सकोगे कि मेरे पिता मंत्री थे।

सुरेश : पर आपकी बदनामी बहुत है।

भिखारीदास : अरे बदनामी छोटे-से मध्यम वर्ग में है। इसी को तुम्हें ठीक करना है। ऐसा जोरदार भाषण दो कि सब लोग मेरी जय बोलने लगें।

सुरेश : मेरा मन तो नहीं करता, पर फिर भी आप पिता हैं, इसलिए आपका काम करूँगा।

भिखारीदास : हाँ, बेटा, अब तुम बड़े हो गए हो। मेरी लाज रख लो।

सुरेश : पिताजी, लाज तो आपकी शायद नहीं बचेगी। पर मैं कोशिश जरूर करूँगा।

भिखारीदास : लाज कैसे नहीं बचेगी बेटा! इतना पैसा है। पैसा क्या नहीं करता?

सुरेश : पैसा दूसरों के पास भी है। फिर ऐसे लोग भी होते हैं, जिनके लिए जनता खुद पैसा इकट्ठा करती है और वोट भी देती है। खैर, मैं जाता हूँ और कल से काम शुरू कर देता हूँ। *(एक एजेंट से)* कल जंगी सभा का ऐलान करवा दो।

दृश्य 6

[सभा। सजा हुआ मंच। एक तरफ सेठ भिखारीदास का बड़ा फोटो। दूसरी तरफ 'साइकिल' का। सुरेश फर्स्ट क्लास छीट जैसे बुशर्ट और ड्रेन पाइप में है। मंच पर 'ट्विस्ट' की मुद्रा में चढ़ता है।]

एजेंट : भाइयो और बहनो, आज परम सौभाग्य की बात है कि सेठ भिखारीदास जी के सुपुत्र सुरेश जी खुद आप लोगों से बात करने आए हैं। आइए सुरेश जी!

[सुरेश माइक लेता है।]

सुरेश : भाइयो, बहनो, पिताओ, चाचाओ, माताओ, मौसियो—और जो छूट गए हों, वे भी—लुच्चे-लफंगो भी! मैं आपके सामने क्यों आया? इसलिए नहीं कि मेरे पिताजी चुनाव लड़ रहे हैं। वे घर में मेरे पिता होंगे। पर जब वे सार्वजनिक जीवन में आते हैं तब मेरे पिता नहीं, सिर्फ एक उम्मीदवार हैं। यदि मैं समझता कि वे अयोग्य हैं तो मैं पहला आदमी होता जो उनका विरोध

करता। मंच पर उनके खिलाफ बोलता और घर जाकर उनके चरण छू लेता। कहता कि घर में आप मेरे पिता हैं, पर बाहर चुनाव के मामले में आप मेरे दुश्मन हैं।

[एक तरफ कुछ तालियाँ बजती हैं।]

चुनाव में तरह-तरह के इलजाम लगाए जाते हैं। मगर मैं आपसे पूछता हूँ कि जो चौबीसों घंटे साथ रहता है, उससे ज्यादा अपने पिता को कौन जान सकता है?

एक आदमी : उन्हें जानते हुए भी उनकी तारीफ करने आए हो?

सुरेश : पहले मेरी बात सुन लीजिए। सेठ भिखारीदास जी निहायत ईमानदार आदमी हैं। उनके हृदय में मानवता कूट-कूटकर भरी है। कहीं भी अत्याचार हो, मनुष्य को तकलीफ हो, दुख हो, मेरे पिता का दिल तड़पने लगता है। जैसा किसी शायर ने कहा है :

खंजर कहीं चले पै तड़पते हैं हम अमीर,
सारे जहाँ का दर्द हमारे जिगर में है।

उनके दिल में सारे जहाँ का दर्द है। किसी का दुख उनसे देखा नहीं जाता। उनकी आँखों से आँसू टपकने लगते हैं।

एक आदमी : अब तक तो घड़े भर गए होंगे—इस देश में इतने दुखी आदमी हैं।

सुरेश : आप चुप रहिए। मैं कहता हूँ कि यह सही है कि उनके पास दौलत है। पर वे बिलकुल उससे दूर निर्लिप्त रहते हैं। सादा भोजन और सादे कपड़े।

एक आदमी : यानी कंजूस हैं?

सुरेश : कंजूस नहीं हैं। भारत नाम के देश में एक महात्मा गांधी हो गए हैं। पिताजी उनके सादगी के सिद्धान्त को मानते हैं। मौका लगता तो वे चौपट नगरी के महात्मा गांधी होते, पर लोगों ने उन्हें चांस नहीं दिया।

एक आदमी : चांस देने से महात्मा होते हैं क्या?

सुरेश : यह सब बातें फालतू हैं। मेरे पिता वैसे ही संत स्वभाव के हैं। लोग उन्हें महात्मा नहीं कहते, यह गलती लोगों की है। उन्होंने आज तक बेईमानी नहीं की, जमाखोरी नहीं की, मिलावट नहीं की। ऐसा आदमी महात्मा कहलाने के योग्य है।

[इसी समय एक तरफ से 'राम नाम सत्य है'—सत्य बोले गत्य है, पुकार के साथ एक अरथी आ रही है। लोगों का ध्यान उस तरफ चला जाता है।]

सुरेश : देखिए, कोई अभागा मृत्यु को प्राप्त हो गया। मेरे पिताजी कहते हैं कि यह देह नाशवान है। जो देह धारण करता है, उसकी देह छूटती है। आप लोग दो मिनट शान्त रहकर दिवंगत आत्मा की शान्ति के लिए प्रार्थना करें।

[दो-चार लोग अरथी के पास पहुँच जाते हैं।]

पूछनेवाला : भाई, इनकी मृत्यु कैसे हो गई?

अरथीवाला : इसकी मौत तेल से हो गई।

पूछनेवाला : तेल से मौत कैसे हो गई?

अरथीवाला : तेल में न जाने क्या जहरीली चीज मिली थी कि उसकी सब्जी खाते ही इसे उल्टी होने लगी और एक घंटे में प्राण चले गए।

पूछनेवाला : वह तेल किसकी मिल का था?

अरथीवाला : वह तेल सेठ भिखारीदास की मिल का था। अभी तक उस तेल से बारह आदमी मर चुके हैं।

[पूछनेवाले लौटते हैं और भीड़ से चिल्लाकर कहते हैं।]

पूछनेवाला : सुन लो, सेठ भिखारीदास की मिल के तेल से बारह आदमी मर गए। यह अभागा सेठ जी के मिलावटी तेल से ही मरा है।

[सभा में उत्तेजना फैल जाती है। बहुत लोग चिल्लाते हैं—'सेठ भिखारीदास हत्यारा है। वह जहरीली तेल बेचता है।']

एक आदमी : कहिए सुरेश जी—यही आपके महात्मा पिता के लक्षण हैं? मिलावटी तेल से बारह आदमी मार डाले।

सुरेश : यह झूठ है। यह उस गरीबदास की साजिश है।

एक आदमी : और गरीबदास की दवाई से जब पच्चीस आदमी मरते हैं तो वह कहता है कि यह भिखारीदास की साजिश है।

दूसरा आदमी : यानी दोनों साजिश करते हैं। आदमी को मार रहे हैं।

[भीड़ के एक कोने से आवाज उठती है—'भिखारीदास'—मुर्दाबाद, हत्यारा—मुर्दाबाद।]

[सभा में हुल्लड़ हो जाता है और सुरेश अपने साथियों के साथ भाग जाता है।]

[सेठ गरीबदास अपनी गद्दी पर बैठे हैं। तभी सेठ भिखारीदास आते हैं।]

गरीबदास : आइए, सेठ भिखारीदास जी, कैसे तकलीफ की?

भिखारीदास : चुनाव में इतनी तकलीफ हो रही है कि सोचा, आपसे मिलने की तकलीफ भी कर लूँ। देखिए, हम दोनों की पोल खुल गई है।

गरीबदास : चुनाव में पोलें तो खुलती ही रहती हैं।

भिखारीदास : सो ठीक है। पर जो आप हैं, वही मैं हूँ। आप भी वही सब धन्धे करते हैं जो मैं करता हूँ। आप भी महान और मैं भी महान।

गरीबदास : नहीं, मैं आपसे डबल महान हूँ। आपके तेल से बारह मरे और मेरी दवा से पच्चीस मरे। तो मैं आपसे डबल महान हुआ कि नहीं?

भिखारीदास : अच्छा, सेठ जी, मान लिया कि आप डबल महान हैं! पर जब हम दोनों एक-से हैं, दोनों के एक-से स्वार्थ हैं, दोनों के एक-से कर्म या दुष्कर्म हैं तो आपस में क्यों झगड़ें? इस झगड़े का फायदा कोई

तीसरा उठा ले जाएगा। मेरा कहना है कि आप नाम वापस ले लीजिए।

गरीबदास : और मेरी प्रार्थना है कि आप नाम वापस ले लीजिए।

भिखारीदास : ऐसे कैसे काम चलेगा! आप भी हठ पर और मैं भी हठ पर।

गरीबदास : तो आप अपना हठ छोड़ दीजिए।

भिखारीदास : अब मैं वापस कैसे लौट सकता हूँ? मेरे लाखों रुपयों की लागत इस चुनाव के धन्धे में लग गई है। जब लागत लगी है तो कुछ मुनाफा तो होना ही चाहिए!

गरीबदास : लाखों की लागत मेरी भी लग चुकी है। अब मैं भी इस चुनाव के धन्धे को कैसे बन्द कर दूँ?

भिखारीदास : यानी कोई समझौता नहीं होगा? देखिए, लोग हँसेंगे कि दो नगर सेठ आपस में लड़ गए।

[इसी समय एक पत्रकार प्रवेश करता है।]

पत्रकार : नमस्ते सेठ जी, नमस्ते सेठ जी। मैं पत्रकार हूँ। आप दोनों चुनाव के उम्मीदवार हैं। मैं आपसे कुछ प्रश्न पूछना चाहता हूँ।

पत्रकार : *(गरीबदास से पूछता है)* सेठ गरीबदास जी, इस समय देश के सामने सबसे बड़ा सवाल क्या है?

गरीबदास : इस समय देश के सामने सबसे बड़ा सवाल है कि मैं चुनाव जीतूँ।

पत्रकार : सेठ भिखारीदास जी, आपकी नजर में इस समय देश का सबसे बड़ा सवाल क्या है?

भिखारीदास : इस देश का सबसे बड़ा सवाल यह है कि मैं सेठ गरीबदास को हरा दूँ।

पत्रकार : आप लोग बताइए, इस देश की मुख्य समस्याएँ क्या हैं?

गरीबदास : इस देश में कोई खास समस्या नहीं है। हमारे कारखाने ठीक चल रहे हैं। मुनाफा आ रहा है। अफसर लोग घूस खा रहे हैं और सब तरफ सुख और चैन है।

[पत्रकार भिखारीदास की तरफ देखता है।]

भिखारीदास : देश के सामने यही समस्या है कि जब-तब इंस्पेक्टर लोग या आबकारी या इनकम टैक्स वाले हम लोगों के पास आ जाते हैं।

पत्रकार : इस समस्या का हल क्या है?

गरीबदास : इस समस्या का बड़ा आसान हल है। हम उनकी मुट्ठी गरम कर देते हैं और वे चले जाते हैं।

भिखारीदास : समस्या खास नहीं है जी। देश तो बाजार है। हर चीज बिकती है। ईमान भी बिकता है। हमारे पास पैसा है, हम खरीद लेते हैं।

पत्रकार : इस देश में गरीबी बहुत है। यह तो आप जानते ही हैं। इस गरीबी की समस्या का हल क्या है?

भिखारीदास : गरीब और अमीर तो भगवान बनाते हैं। हम क्या कर सकते हैं। भगवान ही इस समस्या को हल करेंगे।

पत्रकार : अब मैं आपसे राजनीतिक प्रश्न करूँगा। गरीबदास जी, वियतनाम को तो आप जानते होंगे?

गरीबदास : वियतनाम? हाँ-हाँ, हमारे यहाँ पहले एक भगतराम नाम का मुनीम था, उसी को आप लोग वियतनाम कहते होंगे?

पत्रकार : सेठ भिखारीदास जी, अमेरिका की राजधानी क्या है?

भिखारीदास : अमेरिका की राजधानी निक्सन नाम का शहर है।

पत्रकार : मैं आपके ज्ञान से बहुत प्रभावित हुआ। एक बात और पूछना चाहता हूँ। पड़ोसी देश अन्धेरनगरी से हमारे सम्बन्ध खराब हैं। दो बार उस देश से लड़ाई हो चुकी है। इस बारे में आपका क्या कहना है?

गरीबदास : हम तो चाहते ही हैं कि लड़ाई रोज हो। इधर लड़ाई हुई और उधर हमने दाम बढ़ाए।

भिखारीदास : लड़ाई तो हमारे लिए वरदान है। खूब चाँदी कटती है। अभी भी कुछ देश से दुश्मनी है। पर हम चोरी-छिपे माल उसको भेजते हैं। व्यापारी-व्यापारी एक हैं। हमारा अन्धेरनगरी के व्यापारी से कोई झगड़ा नहीं है।

पत्रकार : आखिरी प्रश्न करना चाहता हूँ। देश के लिए आपका कोई सन्देश है?

गरीबदास : देश? देश है कहाँ? हम हैं और हमारा धन्धा है। यदि मैं चुन लिया गया और हमारी पार्टी की सरकार बनी तो मैं ही उसका प्रधान बनूँगा। तब मैं जनता को समझाऊँगा कि देश क्या है। तब आप देखेंगे कि हर आदमी सुखी होगा। जो दुखी होगा, उसे या तो खत्म कर देंगे या देश-निकाला दे

मीना : ऐसे पिता की सन्तान होना बड़े दुर्भाग्य की बात है न!

सुरेश : और सौभाग्य भी। यह करोड़ों की सम्पत्ति ऐसे ही पिता की दी हुई तो है।

मीना : हम दोनों उस जंजाल से निकल आए। अच्छा किया।

सुरेश : देखो मीना, मैं बहुत दिनों से तुमसे एक बात कहना चाहता था पर मेरा मुँह नहीं खुलता था।

मीना : मैं तुम्हारा मुँह खोल देती हूँ। तुम प्रेम की बात करना चाहते थे। तुम्हारी आँखें बोलती हैं।

सुरेश : क्या तुम्हारा हृदय नहीं बोलता?

[इतने में पास के टेबिल से एक नेता-टाइप आदमी कुर्सी खींचकर उनके बीच आ बैठता है।]

नेता-टाइप आदमी : माफ कीजिए। मैंने आपकी बातचीत में दखल दिया।

सुरेश : पर आप निहायत बदतमीज और बेशर्म आदमी हैं कि बिना पूछे हमारी प्राइवेट मेज पर आ धमके।

नेता-टाइप आदमी : बदतमीज और बेशर्म तो इसलिए हूँ कि राजनीति में हूँ। होना पड़ता है। मेरा नाम हरसेवक लाल सेवक है। आपने सुना होगा?

देंगे। नतीजा यह होगा कि देश में सब सुखी ही सुखी बचेंगे।

भिखारीदास : देश के नाम मेरा सन्देश यह है कि उसका पहला कर्तव्य है कि मुझे जिताए और देश का प्रधान बनाए।

पत्रकार : एक बात भूले जा रहा था। यह जो हल्ला मंचा हुआ है कि गरीबदास जी की कम्पनी की दवा से पच्चीस आदमी मर गए और भिखारीदास जी की मिल के तेल से बारह आदमी मर गए—इस बारे में क्या कहना है?

गरीबदास : आप दवा का पैकेट देखिए। उसमें गरीबदास का नाम हो तो बताइए। उस पर साफ लिखा है—'गरबाराम केमिकल्स'।

भिखारीदास : और वह जो तेल का टिन है, उस पर मेरा नाम ही नहीं है। उस पर लिखा है—'भीखमदास आइल मिल्स'। हमें फालतू बदनाम किया जा रहा है।

पत्रकार : पर बड़े-बड़े अधिकारी जाँच कर रहे हैं।

गरीबदास : इन जाँच करनेवालों की जाँच हम सैकड़ों बार कर चुके हैं। खैर, आपको कितना दे दें—हजार, दो हजार?

पत्रकार : नहीं, मैं नहीं लेता।

भिखारीदास : बहुत-से पत्रकारों को हमने दिया है। खैर, हमारी फोटो तो खींचकर अखबार में छाप दीजिए।

[पत्रकार कैमरा सँभालता है। उधर सेठ लोग कपड़े सँभालते हैं और बरबस मुस्कुराते हैं। पत्रकार फोटो खींचता है।]

पत्रकार : धन्यवाद! अब मैं आप लोगों से विदा लेता हूँ। नमस्कार।

[दोनों सेठ नमस्कार करते हैं।]

भिखारीदास : तो फिर गरीबदास जी!

गरीबदास : तो फिर भिखारीदास जी!

भिखारीदास : तो फिर!

गरीबदास : तो फिर!

भिखारीदास : तो फिर ही देखा जाएगा।

गरीबदास : हाँ, तो फिर ही देखा जाएगा।

भिखारीदास : तो चलता हूँ। जै रामजी की!

गरीबदास : जै रामजी की!

[भिखारीदास जाते हैं।]

दृश्य 7

[कॉफी हाउस। कोने के टेबल पर मीना और सुरेश बैठे हैं।]

सुरेश : कहो, तुम्हारे पिता की सारी पोल खुल गई

मीना : *(तैश में)*—तुम्हारे बाप की भी तो पोल खु

सुरेश : तुम मेरे पिताजी को 'बाप'?

मीना : तुम भी मेरे पिता को 'साला बाप' कहो न!

सुरेश : पर तुमने चुनाव-प्रचार बन्द क्यों कर दिया?

मीना : क्या करती? मेरे सामने ही मेरे पिता को लोग देते हैं। सभा में हूटिंग करते हैं। लोग रिमार्क हैं कि यह उसी सेठ की लड़की है, जिसने दवा से पच्चीस आदमी मार डाले। ऐसे वाता में कैसे कहूँ कि सेठ गरीबदास साधु पुरुष और तुमने?

सुरेश : वही हाल मेरा हुआ। मैं सभा में अपने पिता महात्मा गांधी की बराबरी का बता रहा था कि मंच गया—मिलावटी है! मिलावटी है! मिला तेल से बारह आदमी मार डाले। हत्यारे को मत दो। मैंने परेशान होकर काम छोड़ दिया।

मीना : सुना है, खूब सुना है, सेवक जी! पर हम लोग तो राजनीति से प्रेम पर आ गए थे!

सेवक जी : यही सोचकर मैंने दखल दिया कि कहीं आप थोड़ी देर में प्रेम के सागर में तैरने लगे तो मेरी बात नहीं सुनेंगे। मैं आप दोनों को बधाई देता हूँ। आप दोनों विद्रोही हैं।

सुरेश : हम काहे के विद्रोही हैं! अपने-अपने पिता की बदनामी और जनता के डर से एक कोने में दुबककर बैठे हैं। और आप हमें विद्रोही कहते हैं!

मीना : जनता में जाएँ तो वह थूकती है और घर जाएँ तो पिता का सामना नहीं कर सकते।

सेवक जी : इसी को विद्रोह कहते हैं। अपने करोड़पति पिता को समझकर, उनकी आज्ञा न मानकर चुनाव में उनसे असहयोग कर देना—यही तो विद्रोह है। आपकी पूरी पीढ़ी विद्रोही है।

सुरेश : खैर, मान लेते हैं कि हम विद्रोही हैं। आगे कहिए।

सेवक जी : इस देश को परिवर्तन चाहिए। सारी व्यवस्था सड़-गल गई है। इसे बदलना है। ये जितनी पार्टियाँ हैं, इनमें कोई पार्टी यह परिवर्तन नहीं कर सकती। इसलिए हम लोगों ने एक नई पार्टी बनाई है।

मीना : इस चौपटनगर राज्य में इतनी तो पार्टियाँ हैं! और नई पार्टियों की क्या जरूरत है?

सेवक जी : पार्टियाँ बढ़ना क्या बुरा है? भारत नाम का एक देश है, जिसमें तीस-पैंतीस पार्टियाँ हैं। ऐसी-ऐसी पार्टियाँ हैं, जिनमें एक ही नेता है।

वही पार्टी का अध्यक्ष, वही मंत्री, वही सदस्य और वही जनता है।

सुरेश : तो आपकी इस पार्टी का नाम क्या है? इसमें कौन लोग हैं?

सेवक जी : इस पार्टी का नाम 'विजय पार्टी' है। इसमें कई तरह के लोग हैं—पुराने मशहूर क्रान्तिकारी, राजनीति से रिटायर नेता, जनता द्वारा मारे गए नेता और सबसे बड़ी ताकत है आपकी युवा पीढ़ी। यह एक क्रान्तिकारी पार्टी है। आप दोनों को कदम बढ़ाकर इस पार्टी में आना चाहिए और काम करना चाहिए। विद्रोह के बाद क्रान्ति आती है। आप क्रान्तिकारी बनें। इसका दफ्तर 54-गोकुलगंज में है। आप लोग वहाँ आइए। अच्छा, मैं चलता हूँ। आप लोग अब प्रेम की बात कीजिए।

सुरेश : हम इस पार्टी में शामिल होने की सोचें। पर इससे पहले।

मीना : अरे, तुम्हें तो प्रेम करना भी नहीं आता। क्या तुमने प्रेम की फिल्में नहीं देखीं। कई बार मिलना पड़ता है। बगीचे में जाकर गाना गाना पड़ता है। नाचना पड़ता है। समाज को गाली देना पड़ता है। इतने में लड़की के पिता टहलते हुए निकल पड़े तो झाड़ी के पीछे दुबकना पड़ता है।

सुरेश : सब जानता हूँ। लड़की की माँ मर जाए तो लड़की मौत का गाना गाती है और लड़का रूमाल में उसकी आँखों के मोती बटोरता है। इतने में

कोई दूसरा आशिक दिख जाए तो उससे लड़ना पड़ता है।

मीना : इतना सब जानते हो फिर भी छूटते ही कहते हो—मीना, प्रेम कर लो। ठहरे बनिये के लड़के! ऐसा कहते हो, जैसे—प्रेम कर लो। बोल, कितने पैसे लेगी?

सुरेश : अच्छा, तो हम लोग बाकायदा प्रेम करते हैं। चलो, चौपट पार्क में घूमेंगे और जब चाँद निकल आएगा तब दोनों मिलकर चाँद को प्रेम का गीत सुनाएँगे।

मीना : फिर मेरे घर में मैं रोऊँगी और तुम्हारे घर में तुम रोना। तब प्रेम की बुनियाद...।

सुरेश : गोया प्रेम नहीं हुआ, पंचवर्षीय योजना हुई! तो चलो, उठो, पंचवर्षीय योजना का पहला साल शुरू करें।

[दोनों उठकर चले जाते हैं।]

दृश्य 8

[यदि बगीचे का सीन हो तो ठीक वरना पार्श्व में हो रहा यह दृश्य]

सुरेश : मीना, देखो, यह गुलाब का फूल कितना अच्छा है, जैसे तुम्हारा मुख हो!

मीना : और देखो, यह भटकटैया कैसी है, जैसे तुम हो!

[दोनों हँसते हैं।]

सुरेश : मीना, तुम मुझे बहुत अच्छी लगती हो।

मीना : सुरेश, तुम मुझे जरा कम अच्छे लगते हो।

सुरेश : पर अच्छा तो लगता हूँ न!

मीना : हाँ, अच्छे लगते हो।

सुरेश : मीना, तुम्हें याद है, कॉलेज के वे दिन कितने अच्छे थे! हम दोनों डिबेट में हिस्सा लेते थे। कभी तुम मुझे हरा देती थीं और कभी मैं तुम्हें हरा देता था। मैं दिल से चाहता था कि तुम मुझे हरा दो।

मीना : और मैं भी यही चाहती थी। देखो, कैसा सुन्दर बगीचा है! तरह-तरह के फूल खिले हैं। ऐसा लगता है,

जैसे हम दोनों के मिलने से खुश हैं और हँस रहे हैं!

सुरेश : क्या पता, ये हम दोनों की बनावट और बेवकूफी पर हँस रहे हों!

मीना : सुरेश, तुम्हें फूल की सुन्दरता में भी रस का अनुभव नहीं होता? देखो, ऊपर चाँद निकल आया है। ऐसा लगता है, जैस आकाश हम दोनों पर अमृत की वर्षा कर रहा हो!

सुरेश : मुझे तो ऐसा लगता है, जैसे यह चाँद छिपकर हम लोगों का प्रेम देख रहा है। आओ, एक गीत गाएँ।

[यहाँ एक प्रेम गीत]

[फिर इसके बाद फुसफुसाहट में बातचीत]

सुरेश : मीना!

मीना : सुरेश!

सुरेश : मीना!

मीना : सुरेश!

सुरेश : *(बड़ी भावकुता से)* मी...।

मीना : सु...।

सुरेश : मी...।

मीना : सु यानी सुअर!

सुरेश : मी यानी मीन यानी नीच।

[दोनों हँसते हैं।]

मीना : अब काफी देर हो गई है। घर लौट चलना चाहिए।

सुरेश : हाँ, चलो। चलें फिर—मैं अपने कमरे में प्रेम के गीत की एक लाइन गाऊँगा वह तुम्हें उतनी दूर सुनाई पड़ जाएगी तो तुम दूसरी लाइन गाना।

मीना : हाँ, फिल्मी हिसाब से यह बिलकुल ठीक है। सौ-सौ मील दूर गाने की लाइनें सुनाई पड़ जाती हैं।

[दोनों चलने लगते हैं।]

[सुरेश मीना के हाथ में हाथ डालने की कोशिश करता है, मीना हाथ झटक देती है।]

मीना : अरे बुद्धू, अभी हाथ में हाथ डालने की स्टेज नहीं आई है। पहले कुछ रोना-धोना वगैरह तो हो जाए, फिर हाथ पकड़ना।

सुरेश : आई एम सॉरी! पंचवर्षीय योजना के पहले साल में ही मुझसे गलती हो गई।

दृश्य 9

['विजय पार्टी' की सभा। नीला झंडा लगा हुआ है। मंच पर कई नेता बैठे हैं।]

अध्यक्ष : भाइयो और बहनो! आप लोग पूछेंगे कि इतनी पार्टियाँ होते हुए इस एक पार्टी की जरूरत और क्यों पड़ी। मैं तो बहुत छोटा आदमी हूँ। मैं हमारे सबसे वयोवृद्ध और पुराने क्रान्तिकारी नेता बाबू विजय नारायण से प्रार्थना करता हूँ कि वे आपके सामने अपने विचार रखें।

बाबू विजय नारायण : *(बड़े सँभलकर धीरे-धीरे किसी दार्शनिक की तरह बोलते हैं)* मेरे देशवासियो, यों तो मैं बिना पार्टी की सरकार का हिमायती हूँ पर पच्चीस साल अपना दर्शन समझाते-समझाते मैं हार गया लेकिन इस देश में न लोगों ने और न नेताओं ने मेरी बात समझी। मेरे साथ दुर्घटना यही है कि मेरी बात कोई नहीं समझता। मैंने दान से क्रान्ति लाने की कोशिश की—गाँव का दान, फिर तहसील का दान, फिर

जिले का दान और फिर देश का दान। देश मुझे दान में मिल जाता तो समझो, क्रान्ति हो जाती। पर मुझे गाँव भी नहीं मिले। तब मैंने राजनीति से संन्यास ले लिया। लेकिन संन्यास में भी मेरा मन नहीं लगा और मैं फिर राजनीति में आ गया। मैं भारत के महात्मा गांधी के हृदय-परिवर्तन के सिद्धान्त को लेकर आया और मैंने कई डाकुओं का हृदय-परिवर्तन कर दिया।

एक आदमी : सुना है, डाकुओं ने ही आपका हृदय बदल दिया?

अध्यक्ष : इतने प्रतिष्ठित और श्रद्धेय नेता की बात शान्ति से सुनिए, बीच में मत बोलिए।

बाबू विजय नारायण : पर राजनीति ऐसी गंदी है कि यह कहा जाने लगा कि डाकुओं का हृदय मेरे नैतिक प्रभाव से नहीं बदला बल्कि पुलिस की गोली से बदला। खैर, मैंने इसे बरदाश्त कर लिया। मैंने कभी चुनाव नहीं लड़ा। मैं नगरपालिका तक का सदस्य नहीं हुआ। यदि मैं चाहता तो इस राज्य का प्रधान हो सकता था, पर मैं सत्ता से दूर रहा। अब आप पूछेंगे कि 'विजय पार्टी' को मैं समर्थन क्यों दे रहा हूँ? इस कारण कि बाकी सब पार्टियाँ असफल सिद्ध हो चुकी हैं। कोई पार्टी परिवर्तन करना नहीं चाहती और न उसमें इतना दम है। इसलिए देश को एक ऐसी पार्टी की जरूरत थी जिसमें सब लोग शामिल हो सकें। यह पार्टीविहीन राजनीति की शुरुआत

है। इस पार्टी में पुराने नेता, बेकार नेता जो देश के काम आ सकते हैं, छात्र, स्त्रियाँ—यहाँ तक कि जेबकतरे और चोर भी आ सकते हैं। क्योंकि यह सबकी पार्टी है। देश में भ्रष्टाचार, महँगाई, गरीबी, पाखंड बहुत है। इसे दूर करना है। इसके लिए सत्ता किसी क्रान्तिकारी पार्टी के हाथ में जानी चाहिए। क्रान्ति में युवकों का विशेष योगदान रहता है। इसलिए हमने अधिक से अधिक युवा छात्र इस पार्टी में लिये हैं। इस पार्टी का उम्मीदवार भी युवा है। आपके सामने श्री कन्हैयालाल 'देशप्रेमी' जो माला पहने बैठे हैं, इस पार्टी के उम्मीदवार हैं। मैं सोचता हूँ कि अब आप इन्हीं के मुँह से उनकी बात सुनें। धन्यवाद।

[तालियों की गड़गड़ाहट और नारे—विजय नारायण बाबू की जय! 'विजय पार्टी' की जय!]

[अब कन्हैयालाल हाथ जोड़ते हुए सिर झुकाकर माइक पर आते हैं। अच्छे स्वस्थ लाल चेहरे के आदमी हैं। आकर्षक व्यक्तित्व है। वे बोलते हैं।]

कन्हैयालाल : सबसे पहले तो मैं आप सब जनता के चरणों में प्रणाम करता हूँ। आप जनता ही राजा हैं और जो सत्ता में जाते हैं, वे आपके सेवक हैं। यदि सेवक अपने मालिक जनता की सेवा नहीं करता

तो जनता को यह अधिकार है कि वह ऐसे सेवक को हटा दे। इस पार्टी की बहुत जरूरत थी। मैं तो एक छोटा-सा आदमी हूँ। करोड़पति तो क्या, हजारपति भी नहीं हूँ। जब से होश सँभाला, जनता की नि:स्वार्थ सेवा करता रहा हूँ और यह जनता का ही आदेश है कि मैं चुनाव में खड़ा हो जाऊँ। इस आदेश को मैं टाल नहीं सकता। हमारे बुजुर्ग नेता विजय नारायण बाबू ने आपके सामने देश की स्थिति और पार्टी की स्थापना की जरूरत रखी। *(जोश से)* इस देश की चादर बिलकुल फट चुकी है। जिस चादर के तार-तार हो गए हैं, उसमें पैबन्द नहीं लग सकते। चादर को बदलना ही पड़ेगा और यह पूर्ण क्रान्ति के बिना नहीं होगा। आज हम देख रहे हैं कि पेशेवर नेताओं ने इस देश का नाश कर दिया है। गरीबी, भ्रष्टाचार, भुखमरी, महँगाई चरम सीमा पर है। मनुष्य रोज मरता है। ऐसी हालत में मैं इस देश के लोगों से, विशेष कर युवकों से कहता हूँ कि उठो, इस देश को बचाओ। यह देश डूब रहा है। क्रान्ति के लिए 'विजय पार्टी' के झंडे के नीचे संगठित हो जाओ। खून बहता है तो बहने दो। सबसे पहले जनता की इस क्रान्ति में मेरा खून बहेगा। मैं आपको विश्वास दिलाता हूँ, यदि मैं इन समस्याओं को हल नहीं कर सका तो अपने पद को तुरन्त छोड़ दूँगा। हमारे बुर्जुग नेता विजय नारायण बाबू यहाँ बैठे हैं। वे सरकारें भंग

कराते हैं। वे खुद मेरी सरकार को भंग कराएँगे। मुझे आप लोग आशीर्वाद दीजिए कि मैं इस योग्य बनूँ कि आपके दुख-दर्द मिटा सकूँ। आप सबके चरणों में एक बार फिर से प्रणाम।

[तालियाँ और नारे—कन्हैयालाल जी की जय, 'विजय पार्टी' की जय! विजय नारायण बाबू की जय!]

[अब अध्यक्ष खड़े होते हैं।]

अध्यक्ष : भाइयो और बहनो! आपने वयोवृद्ध क्रान्तिकारी विजय बाबू की क्रान्तिकारी बातें सुनीं तथा हमारे उम्मीदवार कन्हैयालाल देशप्रेमी का जोशीला भाषण सुना। उनमें क्रान्ति की कितनी आग है, यह आपने देख ही ली। मैं आपसे कहना चाहता हूँ कि हमारी पार्टी की अपील कितनी अधिक है कि करोड़पतियों के लड़के-लड़कियाँ अपने पिता से विद्रोह करके हमारे पास आ गए हैं। ये मीना जी हैं *(मीना हाथ जोड़कर खड़ी हो जाती हैं)*। ये सेठ गरीबदास की सुपुत्री हैं और पिता से विद्रोह करके क्रान्तिकारी कार्य में लग गईं। और ये सुरेश जी हैं *(सुरेश हाथ जोड़कर खड़ा होता है)*। ये दूसरे करोड़पति सेठ भिखारीदास के सुपुत्र हैं, जो पिता से विद्रोह करके इधर क्रान्ति की तरफ आ गए हैं। हमारे द्वार सबके लिए खुले हैं—चाहे करोड़पति

हो, चाहे गरीब। हमारे आदरणीय विजय नारायण बाबू ने तो आन्दोलन ही चलाया था। 'सर्व विकास आन्दोलन'—इस आन्दोलन में सबका विकास था—करोड़पति का भी, गरीब का भी। बिल्ली का विकास भी और चूहे का भी। भेड़िया का विकास भी और भेड़ का भी। ऐसे पवित्र आन्दोलन को लोग समझे नहीं, पर हमारी पार्टी सबका विकास करेगी। जय चौपट राज! विजय पार्टी की जय! विजय नारायण बाबू की जय! कन्हैयालाल देशप्रेमी की जय! इंकलाब जिन्दाबाद! क्रान्ति अमर हो! अब सभा समाप्त होती है।

[बड़ी देर तक तालियाँ बजती हैं और लोग बहुत प्रभावित होकर जाते हैं। आपस में यह कहते हुए कि 'भाई, पार्टी है तो यह है। यह सचमुच जनता की पार्टी है।' नेता लोग मंच से उतरकर जीप और कार में बैठकर चले जाते हैं।]

दृश्य 10

[सेठ भिखारीदास की बैठक। भिखारीदास अपने प्रमुख चुनाव-प्रचारक से कहते हैं।]

भिखारीदास : इस नई पार्टी ने सब कुछ चौपट कर दिया। बड़े-बड़े महारथी इकट्ठे हो गए हैं और लड़के-लड़कियों को इकट्ठा कर रखा है। कमबख्त मेरे लड़के सुरेश और गरीबदास की लड़की मीना को भी भगा ले गए। अब बड़ी मुश्किल है। कहाँ से वोट मिलेंगे?

चुनाव सलाहकार : सेठ जी, एक तरकीब मुझे सूझ रही है। 'एम' लोगों को पटाना चाहिए। उनके वोटों से ही हार-जीत होती है।

भिखारीदास : एम लोग कौन?

सलाहकार : एम लोग यानी मलेच्छ लोग। जो गाय खाते हैं। मेरी योजना यह है कि किसी को हजार रुपये दे करके बकरे का गोश्त मन्दिर में डलवा दिया जाए और हल्ला करा दिया जाए कि इन एम लोगों ने गाय को मारकर उसका गोश्त मन्दिर में डाल

दिया। फिर दंगा होगा और तब हम इन एम लोगों को खाना-कपड़ा बाँटेंगे और उनका समर्थन हमें मिल जाएगा।

भिखारीदास : बात तो ठीक है। पर इसका फायदा कहीं 'पीली पार्टी' न उठा ले! दंगे में धरम के नाम पर यह पार्टी हिन्दुओं के वोट ले लेती है।

सलाहकार : हिन्दुओं के वोट तो कई पार्टी में बँटेंगे। पर मुसलमानों के थोक में अपने को मिल जाएँगे।

भिखारीदास : ठीक है, यह भी करके देख लो। पाँच-छह हजार का खेल है।

दृश्य 11

['पीली पार्टी' की सभा। नेता और कार्यकर्ता पीले स्कार्फ बाँधे हुए हैं। हजारों युवा सेवक बैठे हैं। एक नेता खड़ा होता है और बोलता है :]

नेता : आज हमारी जाति के लिए बड़े दुख और शर्म का दिन है। हमारी इतनी प्राचीन संस्कृति है, धर्म है। हम धर्मप्राण लोग हैं। लेकिन दूसरे देशों से आकर यहाँ मलेच्छ बस गए हैं। ये मलेच्छ हमारे धर्म और संस्कृति पर आघात करते हैं। हमारे धर्म में गऊ को माता माना गया है। आज प्रात:काल मन्दिर में किसी मलेच्छ ने हमारी गौ माता को काटकर उसका गोश्त डाल दिया। यह हमारे धर्म पर, संस्कृति पर, आत्मसम्मान पर बड़ी भारी चोट है। यह हमारे मुँह पर थूका गया है। हम प्राण देकर भी धर्म की, संस्कृति की सेवा करेंगे।

एक आदमी : गाय अगर तुम्हारी माता है तो पिता कौन है?

दूसरा आदमी : बैल।

पहला आदमी : नहीं, बैल तो चाचा है। पिता कोई और है।

दूसरा आदमी : अच्छा, तभी ये राजनीति में साँड़पन दिखाते हैं।

वक्ता : अरे सेवको, इनसे निपटो।

[चार मुस्टंडे दोनों आदमियों को उठाकर बाहर फेंक आते हैं।]

वक्ता : ये बीच-बीच में टोकने वाले, हमारी शक्ति नहीं जानते। हमारे पास हजारों प्रशिक्षित वीर 'सेवक' हैं। ये किसी भी विरोधी को ठीक कर सकते हैं। तो मैं कह रहा था, हमारी जाति वीर है। हम हमारी गौ माता की हत्या इन विधर्मियों को नहीं करने देंगे।

एक आदमी : पर आपकी ही जाति के लोगों के बूचड़खाने में गौ माता कटती है।

वक्ता : इसमें भी हमारा गौरव है। हमारी माँ को हम ही मारेंगे। दूसरा नहीं मार सकता।

[सभा में हलचल। कुछ लोग हँसते हैं।]

वक्ता : हम हमारे धर्म पर इस आघात का बदला लेंगे। तुम लोगों में अगर कुछ दम हो, शर्म हो, तो उठो और उन्हें ऐसा पाठ पढ़ाओ कि दुबारा ऐसी हरकत न हो। कोई मुर्दा जाति ही इसे बर्दाश्त करेगी। तो उठो और अपनी जाति की, अपने धर्म की रक्षा करो।

मंच के पास खड़ी एक स्त्री : आप यों ही लोगों को भड़का रहे हैं। वह गाय का नहीं, बकरे का गोश्त है और किसी बदमाश ने दंगे के लिए मन्दिर में डाल दिया।

वक्ता : बहन जी, आप स्त्री हैं और उसे गौ की तरह ही माता मानते हैं। इसलिए हम आपका अपमान नहीं करते। वरना हमारे 'सेवक' आपको भी उठाकर फेंक देते। आप भी उन गौ हत्या करनेवालों में मिल गई हैं। आप झूठ बोलती हैं। हमें पक्की जानकारी है कि वह गौमांस है। और उन्हीं लोगों ने गाय काटकर डाला है। भाइयो, इन बहिन जी जैसे लोगों के बहकावे में मत आओ। उठो और जाति, संस्कृति और धर्म की रक्षा करो। बोलो गौमाता की—जय!

[उत्तेजित भीड़ इधर-उधर हो जाती है।]

दृश्य 12

[एक अखबार वाला अखबारों का बंडल लिये चिल्लाता निकल जाता है।]

अखबार वाला : ताजा खबर। शहर में साम्प्रदायिक दंगा। चालीस मरे, सैकड़ों घर जले!

[दो-चार आदमी एक अखबार खरीदते हैं।]

एक आदमी : ये सब अल्पसंख्यक मारे गए हैं। यह 'पीली पार्टी' वालों का काम है।

दूसरा : सुना है, सेठ भिखारीदास इन पीड़ितों को अन्न और कपड़े बाँट रहे हैं?

तीसरा आदमी : यह भी सुना है, सेठ भिखारीदास ने ही बकरा कटवाकर मन्दिर में डलवाया था।

पहला आदमी : सब वोट के लिए। देखो, चुनाव जीतने के लिए लोग क्या-क्या नहीं करते! दंगा करवा दिया। भिखारीदास अल्पसंख्यकों के वोट बटोरना चाहते हैं और 'पीली पार्टी' वाले बहुसंख्यकों के। पर ये कोई नहीं जीतेंगे। जीतेगी वही 'विजय पार्टी'!

दृश्य 13

[होटल के एक शानदार कमरे में 'विजय पार्टी' के कन्हैयालाल देशप्रेमी, सेठ भिखारीदास और सेठ गरीबदास बैठे हैं। टेबिल पर स्कॉच व्हिस्की की बोतल रखी हैं और देशप्रेमी जी पैग पर पैग चढ़ा रहे हैं।]

देशप्रेमी : आप लोग भी कुछ लीजिए न!

गरीबदास : नहीं, हम नहीं लेते, हम तो गंगाजल पीते हैं।

देशप्रेमी : यह चीज जो है, गंगाजल से भी पवित्र है। इसे देवता पीते थे। खैर, छोड़िए, जिस खास बात के लिए हम इकट्ठे हुए हैं, उसे शुरू करें। बात यह है कि आप लोग अब तो समझ ही गए होंगे कि आप दोनों जीतेंगे नहीं, जीतूँगा मैं।

गरीबदास : हाँ-हाँ, ऐसा कुछ दिख रहा है।

देशप्रेमी : देखिए, यह बिलकुल प्राइवेट बातचीत है। बाहर कोई इसे नहीं जानेगा। हमें यह तय करना चाहिए कि हम क्या चाहते हैं।

भिखारीदास : पहले आप बतलाइए कि आप क्या चाहते हैं?

देशप्रेमी : साफ कहूँ तो यह कि मैं इस राज्य का प्रधान होना चाहता हूँ। आप लोग क्या चाहते हैं?

गरीबदास : हम लोग तो धन्धेवाले लोग हैं। हमें राजनीति से मतलब नहीं। हमें तो लाइसेंस, परमिट वगैरह चाहिए। इसीलिए हम एसेम्बली के मेम्बर होना चाहते हैं।

देशप्रेमी : देखिए, हमारे और आपके बीच कोई झगड़ा नहीं है। हम लोग सहयोग कर सकते हैं। पूँजीपति के सहयोग के बिना न सरकार बन सकती, न चल सकती और सरकार के सहयोग के बिना पूँजीपति बढ़ नहीं सकता।

भिखारीदास : यह बात आपने ठीक कही। सचमुच हम पूँजीपति और सरकार भाई-भाई हैं।

देशप्रेमी : इतना ही नहीं, सरकार ही पूँजीपतियों की होती है।

गरीबदास : पर आप तो अपने भाषणों में जनता-जनता बार-बार कहते हैं। जनता को प्रणाम करते हैं। अपने को जनता का सेवक कहते हैं। आप साधारण जनता और पूँजीपति, दोनों के भाई कैसे हो सकते हैं?

देशप्रेमी : यह राजनीति है। वोट जनता से लेना पड़ता है। इसलिए चुनाव जीतने तक जनता के चरण छूते हैं और जीतने के बाद जनता को छोड़कर पूँजीपति के हो जाते हैं। फिर जनता तो बेवकूफ है। भिखारीदास जी ने मन्दिर में गोश्त डलवाया और 'पीली पार्टी' वालों ने दंगा करवाके जनता को बेवकूफ बना दिया। जनता को छोड़ो आप लोग और हम बात करें। हम लोग सहयोग करें।

भिखारीदास : सहयोग किस तरह का करें? और उस सहयोग के बदले में हमें क्या मिलेगा?

देशप्रेमी : बात खुलासा है। मुझे जीतना है और आपको परमिट, लाइसेंस, बैंक से पैसे आदि चाहिए। हम लोग बड़ी आसान शर्तों पर आपस में समझौता और सहयोग कर सकते हैं। मुझे चुनाव जीतना है, इसके लिए पैसे चाहिए। आप लोग पूँजीपति हैं। आपके पास पैसा है और मेरे पास जनता पर असर है। आप लोग एक-एक लाख रुपया मेरे चुनाव फंड में दे दीजिए।

गरीबदास : आप एक नहीं, दो लाख ले लीजिए, पर इसके बदले में हमें क्या मिलेगा?

देशप्रेमी : मैं पहले ही कह चुका हूँ कि मेरे सत्ता में आने पर जो आप चाहते हैं, वह आपको मिलेगा—लाइसेंस, परमिट, बैंक से कर्ज और खुले व्यापार की छूट।

भिखारीदास : पर सत्ता में पहुँचने के बाद आप मुकर गए तो? हमारे पैसे भी डूबे और कुछ मिला भी नहीं।

देशप्रेमी : मैं अपने वचन का पालन करूँगा। यदि न करूँ तो आप पूँजीपति लोगों के पास पैसे की इतनी ताकत है कि आप मुझे पलटा सकते हैं। आप कुछ मेम्बर खरीद लेंगे और अविश्वास का प्रस्ताव पास कराके मुझे सत्ता से हटा सकते हैं। इस चुनाव में ही आप लोग जीत सकते थे क्योंकि—आपके पास पैसा है। पर हमारी पार्टी के आ जाने से आपके चांस चले गए। आखिर एक मेम्बर को खरीदने में कितने

रुपये लगते हैं। तीस-चालीस मेम्बर तो आप एक महीने की आमदनी में खरीद सकते हैं। बोलिए, यह समझौता आपको स्वीकार है या नहीं?

[गरीबदास भिखारीदास की तरफ देखते हैं और भिखारीदास गरीबदास की तरफ]

देशप्रेमी : इस तरह आपस में देखने से काम नहीं चलेगा। मामला फौरन तय करिए। पूँजी और सत्ता का सहयोग हमेशा चलता रहेगा।

भिखारीदास : पर ये आए दिन हमारे कारखानों के सामने लाल झंडेवाले मजदूरों को लेकर ऊधम मचाते हैं और माँग करते हैं कि तनख्वाह बढ़ाओ, भत्ता बढ़ाओ। इसके लिए आप हमारी क्या सहायता करेंगे?

देशप्रेमी : मेरे पास पुलिस रहेगी, फौज रहेगी, मैं क्या नहीं कर सकता! मैं बन्दूक की नली से इन सबको तोड़ दूँगा और आप बेखटके धन्धा करेंगे।

भिखारीदास : क्यों, गरीबदास जी, कैसा करें?

गरीबदास : मेरा तो ऐसा विश्वास हो गया है कि देशप्रेमी जी अपने ही आदमी हैं। समझौता कर लेना चाहिए।

देशप्रेमी : तो ठीक है, शाम तक आप दोनों मुझे एक-एक लाख रुपये भेज दीजिए।

भिखारीदास : वह तो हम भेज देंगे, पर हम दोनों चुनाव में खड़े ही हैं। चुनाव तो लड़ना ही पड़ेगा।

देशप्रेमी : चुनाव लड़ने में कोई हर्ज नहीं है। अपना काम ढीला कर दीजिए और लोगों से कहिए कि यदि

आप हमें वोट नहीं देते हैं तो देशप्रेमी को दीजिए। बोलिए, सौदा पक्का हुआ?

गरीबदास और भिखारीदास : हाँ, साहब, बिलकुल पक्का हुआ। शाम तक आपको पैसा मिल जाएगा।

देशप्रेमी : तो अब आप लोग जाइए। मुझे जनसम्पर्क के लिए जाना है।

दृश्य 14

[अखबार वाला लड़का चिल्लाता हुआ निकलता है।]

अखबार वाला : चुनाव के नतीजे पढ़िए। देशप्रेमी जीत गए। 'विजय पार्टी' सबसे बड़ी पार्टी, पर बहुमत नहीं।

दृश्य 15

[कन्हैयालाल देशप्रेमी, विजय नारायण बाबू तथा दो-तीन नेता बैठे हैं।]

विजय बाबू : पार्टी को सबसे अधिक सीटें तो मिलीं पर बहुमत नहीं बना। अब सरकार बनाने की समस्या है।

सलाहकार-1 : सरकार बनाने की कोई समस्या नहीं है। हमें बहुमत के लिए कोई सात मेम्बर चाहिए। हम दल बदलवा देते हैं। तीन-चार 'काली पार्टी' के मेम्बरों को दल-बदल करवाइए और तीन-चार एक उस पार्टी से जिसके दस टुकड़े हैं और जो लगातार क्रान्ति की बात करते रहते हैं।

देशप्रेमी : यह बात मुझे पसन्द आई। दल-बदल आज की राजनीति की नैतिकता है। भारत नाम का एक देश है जिसमें यहाँ तक दल-बदल होता है कि एक मेम्बर सवेरे एक पार्टी में है, दोपहर को दूसरी पार्टी में और शाम को तीसरी पार्टी में। दलबदलू यदि कुछ माँगते हैं तो हम उन्हें देने को तैयार हैं। पैसा चाहिए तो पैसा लो। मंत्री बनना है तो मंत्री बनो। हर मेम्बर मंत्री बन जाए, तब भी मुझे कोई एतराज नहीं है।

सलाहकार-1 : भारत में तो ऐसा होता है कि आज तीस मंत्री हैं और कल नौ-दस मेम्बर असन्तुष्ट हो गए तो उन्हें भी मंत्री बना दिया। इस तरह बढ़ते-बढ़ते सौ-सौ मंत्री हो जाते हैं और पार्टी की सत्ता और एकता बनी रहती है।

देशप्रेमी : *(अपने सलाहकारों से)* आप लोग दो दिन के अन्दर आठ-दस मेम्बरों का दल बदलवाकर उन्हें अपने दल में ले आइए। पैसे की कोई चिन्ता नहीं। मैंने इस देश के कुछ पूँजीपतियों से बात कर रखी है। मेम्बर को दल बदलने के लिए पैसा चाहिए तो उसकी कीमत आँककर उसे पैसा दे दो। जिसे मंत्री बनना है, उसे मंत्री बनाने का आश्वासन दे दो। क्यों विजय नारायण जी, यह योजना आपको पसन्द आई?

विजय बाबू : योजना सरकार बनाने के लिए ठीक है। आप इस तरह सरकार बना डालिए।

देशप्रेमी : पर आपका आशीर्वाद तो हमें मिलता रहेगा न?

विजय बाबू : इसका कुछ निश्चित नहीं है। क्योंकि आजकल मेरा कार्यक्रम सरकारें भंग कराने का है। मैं इस कार्यक्रम से हट नहीं सकता। ऐसा हो सकता है कि आपकी सरकार बनवा दूँ और कुछ समय बाद उसी सरकार को भंग कराने का आन्दोलन शुरू कर दूँ!

देशप्रेमी : ठीक है। आप अपने सिद्धान्त पर चलिए और जब मेरी सरकार बन जाएगी तो मैं आपके भंग आन्दोलन से निपट लूँगा।

विजय

नारायण : ठीक है, यह एक सम्मानजनक समझौता है। सरकार बनाने में मेरी सहमति है। पर इसके बाद उसी सरकार को भंग कराना मेरा सिद्धान्त कार्यक्रम है। इसमें आपसी मनमुटाव की बात नहीं है।

देशप्रेमी : तो ठीक है। हम लोग अपने-अपने काम में लग जाएँ और तीन दिन के अन्दर हमारा बहुमत हो जाए और मैं राज्य-प्रधान बना दिया जाऊँ।

सलाहकार-1 : *(उठते हैं—यह कहते हुए)* हम लोग काम पर लग जाते हैं।

[विजय नारायण बाबू भी उठते हैं यह कहते हुए कि—मैं भी चलता हूँ। दो-तीन डाकू अपने हृदय लेकर आए हैं। उन्हें मुझे बदलना है।]

देशप्रेमी : *(उठकर दरवाजे तक उन्हें पहुँचाने आते हैं)* विजय नारायण जी आपको तो दुनिया का सबसे बड़ा सर्जन होना चाहिए। आप कितनी आसानी से हृदय बदल देते हैं।

विजय बाबू : मैं औजारों से नहीं, नैतिक बल से हृदय बदल देता हूँ। मैं चाहूँ तो आदमी के हृदय की जगह कुत्ते का हृदय रख दूँ। आप एक शेर हैं। किसी दिन मैं आपके हृदय की जगह चूहे का हृदय रख दूँगा। अच्छा, नमस्ते।

देशप्रेमी : नमस्ते, फिर दर्शन दीजिए।

[विजय नारायण जी चले जाते हैं। कमरे में अकेले देशप्रेमी जी बैठे हैं और सोच रहे हैं। गिनती लगा रहे हैं। 51 अपने हुए, 15 'काली पार्टी' के, 25 'सफेद पार्टी' के, 7 'लाल पार्टी' के, बाकी छुटपुट 15, टोटल 113—बहुमत के लिए सिर्फ छह काफी हैं। इसी समय 'काली पार्टी' का एक मेम्बर आता है।]

मेम्बर : मैं 'काली पार्टी' से चुनाव जीतकर आया हूँ। अभी मुझे खबर मिली कि आपको दलबदलुओं की जरूरत है। मैं 'काली पार्टी' छोड़कर आपकी पार्टी में आने को तैयार हूँ।

देशप्रेमी : कीमत?

मेम्बर : मंत्री का पद।

देशप्रेमी : आपको मंत्री का पद दिया गया। हमारी पार्टी का वह फार्म भरकर ले आइए।

[मेम्बर फार्म लेता है और चला जाता है। देशप्रेमी फिर सोचते हैं, जैसे अपने-आपसे कह रहे हों—काम चालू हो गया। एक ने दल बदल लिया, अब पाँच और चाहिए। शाम तक हो जाना चाहिए और परसों मैं चौपट राज का राज्य-प्रधान बन जाऊँगा।]

दृश्य 16

[मीना और सुरेश कॉफी हाउस के कोने में बैठे हैं।]

सुरेश : वे कन्हैयालाल देशप्रेमी जी राज्य-प्रधान हो गए। राज-निवास में शान से रहते हैं। 113 मेम्बरों में से 60 को मंत्री बना दिया है। अब मंत्रिमंडल स्थायी हो गया क्योंकि ये 60 उसे भंग नहीं होने देंगे। पर तुम्हारे पिता ने राज्य-प्रधान से शादी कर ली।

मीना : और तुम्हारे पिता ने भी कर ली। दोनों को खूब लाइसेंस, परमिट मिल रहे हैं।

सुरेश : तो हम भी क्यों न शादी कर लें? बहुत गाना-रोना हो चुका। मुझे तुम्हारी याद में रातभर नींद नहीं आती।

मीना : नींद तो मुझे भी नहीं आती।

सुरेश : तो नींद की दवा ले लें—यानी शादी कर लें।

मीना : पिताजी से पूछना पड़ेगा।

सुरेश : धत्तेरे की! विद्रोहिणी बनती है और शादी के लिए पिता से पूछेगी? मुझसे शादी तू करेगी, या तेरे पिता करेंगे?

मीना : अच्छा बाबा, नहीं पूछूँगी। शादी की तारीख तय करवाओ।

सुरेश : बस, अब मुझे आज नींद आ जाएगी।

मीना : सुना है, यह राज्य-प्रधान बड़ा विलासी है? दस खूबसूरत लड़कियाँ सेक्रेटरी रखी हैं। उनके साथ ऐश करता है।

सुरेश : क्यों नहीं करेगा? उसका नाम कन्हैयालाल है। कृष्ण कन्हैया तो सोलह हजार गोपियाँ रखी थीं। यह कन्हैया क्या, दस भी न रखे?

मीना : और बड़े-बड़े अफसरों की बीवियाँ बुलाता है।

सुरेश : बड़े अफसर अगर तरक्की चाहते हैं, तो उनके पास घूस देने को खूबसूरत बीवी ही तो होती है।

मीना : पर यह तो अपने को 'बाल ब्रह्मचारी' कहता है।

सुरेश : तुम बाल ब्रह्मचारी का मतलब नहीं जानतीं—इसका मतलब है, बालपन में यानी बचपन में ब्रह्मचारी। युवा ब्रह्मचारी या प्रौढ़ ब्रह्मचारी कोई नहीं होता।

मीना : वह मुझे अपनी प्रधान सेक्रेटरी बनाना चाहता है। पिताजी कह रहे थे।

सुरेश : उसकी सेक्रेटरी बनती हो, तो मुझसे शादी क्यों करती हो? एक की पत्नी और दूसरे की रखैल! जा तू उसी नर्क में!

[सुरेश उठकर चल देता है। मीना पुकारती रह जाती है]

दृश्य 17

[राज्य-प्रधान का स्वागत-सत्कार काफी हो चुका। अब वे सेठ गरीबदास द्वारा स्थापित 'सावित्री बाई' विधवाश्रम का उद्‌घाटन करने जाते हैं! मंच पर सेठ गरीबदास, एक नेता अध्यक्ष और राज्य-प्रधान।]

नेता : भाइयो और बहनो, आज हमारी अभागिन बहनों के लिए भाग्य का दिन है कि हमारे राज्य-प्रधान कन्हैयालाल जी देशप्रेमी यहाँ पधारे हैं। आज ऐसा लगता है, जैसे विधवा बहनों को अपना पति फिर से मिल गया हो! यों गरीबदास जी ने यह विधवाश्रम पाँच-छह महीने पहले ही खोल दिया था, पर इसका विधिवत उद्‌घाटन नहीं हो रहा था। वह आज हमारे राज्य-प्रधान के कर-कमलों से हो रहा है। सेठ गरीबदास जी का जीवन ही सेवा का रहा है। वे युवावस्था में अपने से कई गुने बड़े सेठ गोपीचंद जी के यहाँ मुनीम थे और इतने सेवा-भाव वाले थे कि बाहर का और भीतर का, दोनों का काम करते थे। बाहर सेठ जी का हिसाब-किताब देखते थे और भीतर सेठानी जी

का हिसाब-किताब! मुझे आशा है, आप मेरी बात समझ गए होंगे। सेठानी जी गरीबदास जी की सेवा से इतनी खुश थीं कि उन्हें मालामाल कर दिया। पर अचानक ईश्वर ने सेठानी सावित्री बाई को अपने पास बुला लिया। इसके बाद गरीबदास जी का मन वहाँ नहीं लगा और उन्होंने अपना धन्धा चालू कर दिया। और ईश्वर की कृपा से वे आज नगर सेठ हैं। पर सावित्री देवी की याद उनके मन से नहीं गई और उनकी स्मृति में उन्होंने यह विधवाश्रम खोल दिया। अब जब वे सावित्री देवी के चित्र को माला पहनाएँगे, तो स्वर्ग में सेठानी जी को ऐसा लगेगा, जैसे गरीबदास जी उनकी गर्दन में अपनी भुजाएँ डाल रहे हैं। मैं गरीबदास जी से प्रार्थना करूँगा कि वे सावित्री देवी के चित्र को माला पहनाएँ।

[गरीबदास चित्र को माला पहनाते हैं। फिर माइक पर आते हैं।]

गरीबदास : मैं बहुत छोटा-सा आदमी हूँ, पर मनुष्य की, खास कर स्त्री की सेवा मेरा व्रत है। कितनी विधवा बहनें हमारे समाज में हैं। उनका पालन और देखभाल बहुत जरूरी है। इसीलिए मैंने सेठानी सावित्री देवी के नाम से यह विधवाश्रम खोला है, जो सधवा होते हुए भी अपने को विधवा समझती थीं। तभी से विधवाओं के प्रति मेरी रुचि जागी। और अब

जाकर मैंने यह विधवाश्रम खोल दिया। इसमें कई विधवाएँ रहती हैं। उन्हें सब तरह के सुभीते हैं—भोजन, कपड़े, तेल, साबुन। और हम उन्हें यह अनुभव ही नहीं होने देते हैं कि वे विधवा हैं। इन्हें देखने दूर-दूर से लोग आते हैं और जो विधवा बहन उन्हें पसन्द आ जाए, उसकी कीमत तक देकर उसे ले जाते हैं और कहीं उसका विवाह करवा देते हैं और वह चैन से नई गृहस्थी बसाती है। विधवाश्रम इतना सुखदायक है कि मेरी घरवाली सेठानी कहती है कि मैं भी विधवाश्रम में रहूँगी। अब कुछ विधवाएँ राज्य-प्रधान जी के स्वागत में गीत गाएँगी।

[चार-पाँच विधवाएँ स्वागत गीत गाती हैं—'स्वागत विधवा के नाथ तुम्हारा!' एक परम सुन्दरी विधवा पर देशप्रेमी जी की नजर लगी है।]

देशप्रेमी : *(कान में)* गरीबदास जी, उस बीचवाली का क्या नाम है?

गरीबदास जी : गायत्री देवी।

नेता : अब मैं राज्य-प्रधान देशप्रेमी जी से प्रार्थना करूँगा कि वे उद्घाटन भाषण दें।

देशप्रेमी : अध्यक्ष जी, सेठ गरीबदास जी, विधवा बहनो, यह बड़ी खुशी की बात है कि गरीबदास जी ने विधवाश्रम खोल दिया। विधवा एक तपस्विनी होती

है। हमें उसका सम्मान करना चाहिए। हमारे देश को अभी बहुत विकास करना है। नई-नई संस्थाएँ खोलनी हैं। मैं तो चाहता हूँ कि देश के हर मुहल्ले में अनाथालय हो और घर-घर में विधवाश्रम हो। *(तालियाँ)* मैं उन लोगों को बहुत महान मानता हूँ जो पैसे देकर विधवा बहन को ले जाते हैं और कहीं उसकी नई गृहस्थी बसा देते हैं। मैं तो गरीबदास जी से कहता हूँ कि अखबारों में विज्ञापन भी दे सकते हैं कि इस विधवाश्रम में सुन्दरी और सुशील विधवाएँ बिक्री के लिए हैं। इच्छुक सज्जन आकर देख लें और गुण के अनुसार कीमत देकर ले जाएँ। इससे विधवाओं का जीवन सुधरेगा। मैं इस अच्छे विधवाश्रम को सरकार की तरफ से एक लाख रुपये का दान देता हूँ। *(तालियाँ)* मैं भी विधवाओं के प्रति बड़ी सहानुभूति रखता हूँ। पर केवल सहानुभूति से विधवाओं का भला नहीं होगा। मैं गायत्री देवी को राजभवन ले जाऊँगा। *(तालियाँ)* वहाँ वह सुख से रहेगी और मेरे घर को देखेगी। इन शब्दों के साथ मैं विधवाश्रम का उद्घाटन करता हूँ।

[बैठ जाते हैं।]

नेता : हम राज्य-प्रधान जी के बड़े आभारी हैं कि उन्होंने उद्घाटन करने की कृपा की। हम और भी आभारी हैं कि उन्होंने गायत्री देवी के भाग्य के दरवाजे

खोल दिये और उन्हें राजभवन ले जा रहे हैं। कल ही उन्हें माल पैक करके भेज दिया जाएगा। अब कार्यक्रम समाप्त होता है।

[लोग तितर-बितर होते हैं।]

एक आदमी

दूसरे से : एक और पटाकर ले गया।

दूसरा : इसके लक्षण ऐसे ही दिखते हैं कि यह देश को अनाथालय और विधवाश्रम बनाकर रहेगा।

दृश्य 18

[राजभवन के सामने छात्रों का जुलूस। एक छात्र रिक्शे पर बैठा माइक लिये है।

नारे लग रहे हैं—'अपने वादे पूरे करो! हमें भाषण नहीं, रोजगार चाहिए! बेरोजगारी की समस्या हल करो! राज्य-प्रधान बाहर आओ!'

राज्य-प्रधान राजभवन के ऊपरी मंजिल पर बालकनी पर आते हैं।]

छात्र नेता : हमने आपकी जीत के लिए जी-तोड़ मेहनत की थी। हम न होते तो आप हार जाते। हमने ही आपको राज्य-प्रधान बनाया। आपने वायदा किया था कि मैं बेरोजगारी हटाऊँगा। सब शिक्षित युवाओं को रोजगार मिलेगा। पर इतना लम्बा अरसा हो गया। बेरोजगारी घटी नहीं, बढ़ी है। आप भ्रष्ट हैं, आपका मंत्रिमंडल भ्रष्ट है। आप सिर्फ शासन कर रहे हैं। किसी समस्या का हल नहीं करते। डिग्रियों को शहद लगाकर क्या हम चाटें? पर हमारे पास शहद के लिए भी पैसे नहीं

हैं। याद रखिए, जो बना सकते हैं, वे बिगाड़ भी सकते हैं। हमने तुम्हें राज्य-प्रधान बनाया। हम तुम्हें गद्दी से उतार भी सकते हैं। आप युवा शक्ति को पहचानिए।

[नारे—'बेरोजगारी हल करो वरना गद्दी छोड़ दो।']

राज्य-प्रधान : मेरे युवा दोस्तो! मैं आपकी भावना को समझता हूँ। आपकी समस्या भी समझता हूँ और उसे हल करने की कोशिश भी कर रहा हूँ।

युवा नेता : आप कुछ नहीं कर रहे हैं।

राज्य-प्रधान : आप लोग देख रहे हैं कि देश की हालत बहुत खराब है। इसे सँभालना जल्दी का काम नहीं है। मेरा कहना है कि देश के विकास के लिए युवकों को श्रम करना चाहिए।

युवा नेता : बताइए तो कि श्रम कहाँ करें? क्या हम खम्भा गाड़ दें और बन्दर की तरह उस पर चढ़ें-उतरें और जब पसीना आ जाए तो कहें कि हमने देश के विकास के लिए श्रम किया?

राज्य-प्रधान : तुम लोग बदतमीज हो। उलटी-सुलटी बातें करते हो। आज की इस पीढ़ी में अनुशासन नहीं है। यह पीढ़ी रचनात्मक काम में नहीं लगती। हुल्लड़ करती है। हुल्लड़ से कोई समस्या हल नहीं होती। देश का विकास नहीं होता।

युवा नेता : हम ये उपदेश हजार बार सुन चुके हैं। हम हुल्लड़ नहीं, आन्दोलन कर रहे हैं।

राज्य-प्रधान : फिर देखिए, इस तरफ अन्धेर नगरी है, उस तरफ भेड़िया राज है। दोनों से हमारे सम्बन्ध खराब हैं। सीमा पर तनाव है। ये देश हमारे देश को नष्ट करना चाहते हैं। इस समय छोटी समस्याओं में न उलझकर, सब एक होकर देश की रक्षा के लिए कमर कस लें। हमें देश की स्वतंत्रता, उसकी अखंडता और गौरव की रक्षा करनी है।

युवा नेता : पड़ोसी देशों का डर बताकर कब तक देशवासियों को बेवकूफ बनाएँगे। लड़ाई होगी तो हमारी ताकत देख लेना।

दूसरा नेता : हमारी तो कमर कसी है। कमर आपकी ढीली है।

राज्य-प्रधान : मैं आप लोगों से बात नहीं करना चाहता। आप लोगों को नहीं जानता। सही युवा नेता सुरेश और मीना से बात करूँगा।

पहला नेता : उन्होंने शादी कर ली और मजे में हैं। करोड़पतियों के बेटे-बेटियों से क्रान्ति नहीं होती। उनकी क्रान्ति यही है कि उनके बापों को आप धड़ाधड़ लाइसेंस-परमिट दे रहे हैं और मुनाफाखोरी करने दे रहे हैं। आप नीचे आकर हमारा माँग-पत्र ले लीजिए।

राज्य-प्रधान : मैं नहीं आऊँगा। मेरे सेक्रेटरी को माँग-पत्र दे जाइए।

नेता : आप कायर हैं। अपने ही समर्थकों से डरते हैं। अगर आप नहीं आएँगे तो हम इस पाप-भवन का दरवाजा तोड़कर घुस जाएँगे।

[पथराव, फाटक तोड़ने की कोशिश। उधर से लाठीचार्ज, गोली चलना। छात्र घायल साथियों को लेकर चले जाते हैं।]

राज्य-प्रधान : *(हँसते हैं)* छात्र शक्ति! युवा शक्ति! वाह! मेरी शक्ति नहीं जानते।

[कमरे में चला जाता है।]

दृश्य 19

[मजदूरों का जुलूस! नारे—'हमारी माँगें—पूरी करो! वेतन—बढ़ाओ! बोनस—दिलाओ! यह सरकार—निकम्मी है! जो सरकार निकम्मी है—वो सरकार बदलनी है!' जुलूस राजभवन के दरवाजे पर नारे लगाता है।]

मजदूर नेता : इस देश में धाँधली मंची है। धनवाले और ज्यादा मालदार हो रहे हैं। गरीब और गरीब होता जा रहा है। यह सरकार जनता की सरकार नहीं है। यह पूँजीपतियों की सरकार है। महँगाई आसमान छू रही है। इधर तनखा बढ़ नहीं रही है। प्राइवेट कम्पनियाँ मजदूरों का शोषण कर रही हैं। वेतन ठीक नहीं देती। बोनस नहीं देती। सरकार तक अपने कर्मचारियों को ठीक तनखा नहीं देती। सरकारी कारखानों तक में यही धाँधली होती है। मजदूर पिसा जा रहा है। मगर वह जाग उठा है। वह देश में उथल-पुथल मचा देगा। हालात जल्दी ठीक करो, वरना गद्दी छोड़ना पड़ेगा। इंकलाब जिन्दाबाद! मजदूर एकता—अमर हो!

[ऊपर बालकनी पर देशप्रेमी जी आते हैं।]

[फिर नारे लगते हैं।]

मजदूर नेता : ऊपर आसमान पर मत दिखो। नीचे आओ।

राज्य-प्रधान : मैंने आप लोगों की शिकायत सुन ली। मैं एक कमेटी बिठाता हूँ। कमेटी पूरे आर्थिक ढाँचे की जाँच करेगी और उसके सुझाव के मुताबिक आप लोगों के लिए कुछ किया जाएगा।

मजदूर नेता : कमेटियाँ हमने बहुत देख लीं। कमेटियाँ टालने के काम आती हैं।

राज्य-प्रधान : जब जनता का हर वर्ग तकलीफ में है, तो मजदूर ही सुभीते क्यों चाहता है? मैं देश के हर तबके की गरीबी हटाना चाहता हूँ। मजदूर उत्पादन बढ़ाएँ, डटकर काम करें, देश मालदार होगा तो सब खुशहाल होंगे। बार-बार पैसे और सुभीते की माँग ही आप लोग करते हैं। मुझे सहयोग करो। सबकी गरीबी हटेगी। मेरा तो नारा ही है—'गरीबी हटाओ!'

मजदूर नेता : जी हाँ, आपने गरीबी हटाओ का नारा दे दिया तो कुछ लोगों की गरीबी हट रही है। पूँजीपति, भ्रष्टाचारी, कालाबाजारी, मुनाफाखोर, घूसखोर—ये सब अपनी गरीबी हटाने में लगे हैं।

राज्य-प्रधान : यह तो अच्छा है। कम-से-कम कुछ लोगों की गरीबी तो हट रही है।

मजदूर नेता : आप इन गरीबों का मजाक करते हैं। आप और आपका मंत्रिमंडल सब भ्रष्ट हैं। गरीब आदमी का खून चूसनेवालों से मिले हैं। मजदूर आन्दोलन छेड़ेंगे, हड़ताल करेंगे, अनाज के गोदामों पर

छापा मारेंगे। घेराव करेंगे। हम आपको आगाह करते हैं।

राज्य-प्रधान : यदि मजदूरों ने कानून और व्यवस्था भंग की तो शासन को कड़ा कदम उठाना पड़ेगा। मैं तुम लाल झंडेवालों से निपटना जानता हूँ। देख नहीं रहे हो, इधर अन्धेर नगरी और उधर भेड़िया राज हमारे देश पर हमला करने की तैयारी कर रहे हैं। सीमाओं पर घुसपैठ हो रही है। ऐसे में देश की रक्षा सबसे बड़ा सवाल है। और एक तुम हो कि रोज देश को भूलकर अपना फायदा देखते हो। तुम सब गद्दार हो।

मजदूर नेता : गद्दार मजदूर नहीं, तुम हो। तुमने गद्दारी करके देश को कमजोर बनाया है। जब लड़ाई होती है, तब इन्हीं मजदूरों के बनाए हथियारों से सेना लड़ती है। और तुम बार-बार पड़ोस के देशों से खतरे का डर दिखाकर देश को बेवकूफ बनाते हो। यह चालबाजी अब नहीं चलेगी। नीचे आकर हमारा माँग-पत्र लो।

राज्य-प्रधान : मैं हुल्लड़बाज लाल लोगों के पास नहीं जाता। मेरे सेक्रेटरी को माँग-पत्र दे दो।

मजदूर नेता : तुम डरते हो। तुम नीचे नहीं आते तो हम इस पाप भवन के फाटक तोड़कर घुसते हैं और तुम्हें घेरते हैं।

[मजदूर हल्ला बोल देते हैं। फाटक तोड़ने लगते हैं। तभी लाठीचार्ज और फायरिंग। कुछ मजदूर घायल होकर गिर पड़ते हैं। उन्हें उठाकर मजदूर चले जाते हैं।]

मजदूर नेता : *(जोर से)* याद रखो तानाशाह, मजदूरों के खून का बदला तुम्हारे खून से लिया जाएगा। इंकलाब—जिन्दाबाद! *(तीन बार)*

राज्य-प्रधान : *(ऊपर से माइक पर)* यह प्रजातंत्र है। गोली बनाने के कारखाने जनता के पैसे से चलते हैं। जनता के पैसे से जो गोली बनती है, वह जनता के ही काम आनी चाहिए।

मजदूर नेता : बेशर्म तानाशाह! धिक्कार है!

दृश्य 20

[गरीबों का जुलूस। भूखे लोग। अन्न की माँग करने आए हैं। नारे—'हमें अनाज दो! भूखों को अन्न दो! मुनाफाखोरों को जेल दो! जमाखोरों को हथकड़ी डालो!' जुलूस राजभवन पहुँचता है।]

भुखमरों का नेता : हम राज्य-प्रधान और उनकी सरकार से माँग करने आए हैं कि हमें अनाज दो। मुनाफाखोरों ने दाम इतने बढ़ा दिये हैं कि हम खरीद नहीं सकते। हम भूखे मरते हैं। हमारे बच्चे भूखे मरते हैं। अनाज मुनाफाखोरों ने दबा लिया है और कालाबाजार में बेचते हैं। सरकार का कोई कंट्रोल उन पर नहीं है। सस्ता अनाज देने का इन्तजाम करो, वरना भूखे पेट में बड़ी आग होती है। इस आग में तुम, तुम्हारे मंत्री और असेम्बली के सारे मेम्बर, जिन्हें हमने वोट दिए थे, भस्म हो जाएँगे।

राज्य-प्रधान : *(ऊपर से माइक पर)* मुझे आप लोगों से पूरी सहानुभूति है। आपकी भूख की खबर सुनकर

मुझसे खाना नहीं खाया जाता। मैंने सख्त ऑर्डर दिये हैं। सहकारी भंडार खुलवाए हैं, राशन की दुकानें खुलवाई हैं, फिर भी आप लोग शिकायत करते हो।

भूखों का नेता : ये सब भ्रष्टाचार के अड्डे हैं। कालाबाजारियों से मिले हैं। स्टॉक तीस तारीख को उठाते हैं, जब हमारी तनखा खतम हो जाती है। हम खरीद नहीं सकते और अनाज कालाबाजार में चला जाता है।

एक स्त्री : *(माइक झपटकर)* तुम गोली से राज कर रहे हो। हमें गोली से मार दो। रोज मरने से अच्छा है, एक दिन मर जाएँ।

राज्य-प्रधान : आप लोग जानते हैं, देश में अनाज की पैदावार कम हुई है। हम दो-तीन देशों से अनाज मँगवा रहे हैं।

भूखों का नेता : हर चीज की भीख दूसरे देशों से माँगते हो। तुमने देश को भिखारी बना दिया है। इस देश के हाथ में भीख का कटोरा है। कभी इस दरवाजे जाता है, कभी उस दरवाजे और कहता है—मालिक, भगवान के नाम पर कुछ दे दो! देश में अनाज की कमी नहीं है। पर तुम, तुम्हारी सरकार, तुम्हारे अफसर उसे निकालना नहीं चाहते क्योंकि तुम लोग सब मिले हो।

राज्य-प्रधान : आप लोग जाएँ। मैंने विशेषज्ञ बुलाए हैं। उन्होंने अनाज की समस्या का अध्ययन किया है। जल्दी ही कुछ हल निकलेगा!

[भीड़ लौटती है। लौटते हुए भूखों का नेता कहता है—अब हम सीधी कार्यवाही करेंगे। यानी गोदामों और दुकानों को लूटेंगे।]

दृश्य 21

[राज्य-प्रधान देशप्रेमी अपने कमरे में सिर पकड़कर बैठा है। व्हिस्की पी रहा है। सामने अर्थ मंत्री और खाद्य मंत्री बैठे हैं।]

राज्य-प्रधान : बड़ी मुश्किल है। सारी जनता मेरे खिलाफ हो गई है। रोज प्रदर्शन, रोज जुलूस, रोज नारे, रोज धरना, रोज मेरा मुर्दाबाद!

[सेक्रेटरी का प्रवेश]

सेक्रेटरी : एक आदमी मिलने आया है। यह वही आदमी है जिसे सेठ गरीबदास और भिखारीदास के गुंडों ने पीटा था। उसने चुनाव में आपका बहुत काम किया था।

देशप्रेमी : उसे बुलाओ। वह अच्छा आदमी है। उसका नाम मानवदास है न!

[मानवदास का प्रवेश। बैठ जाता है।]

देशप्रेमी : कहिए, मानवदास जी, कैसे कष्ट किया?

मानवदास : यों ही देखने आया था कि देश की समस्याएँ किस तरह हल हो रही हैं। यहाँ देखता हूँ कि वे व्हिस्की और छोकरियों से तय हो रही हैं।

देशप्रेमी : मानवदास जी, थक जाता हूँ। कितनी कठिन समस्याओं को हल करना पड़ता है! इसलिए थोड़ा आराम जरूरी होता है।

मानवदास : मैं यही कहने आया था कि सँभल जाइए। देश के गरीब और मध्यवर्ग के लोग भूखे मर रहे हैं। लोग हमेशा भूखे रहकर बरदाश्त नहीं करेंगे।

देशप्रेमी : मानवदास जी, आप मेरे विश्वासपात्र हैं। मैं पूरी कोशिश कर रहा हूँ। खाद्यमंत्री जी, आपका वह खाद्य विशेषज्ञ नहीं आया?

खाद्य मंत्री : वह नीचे बैठा है। सेक्रेटरी, डॉक्टर स्वामी को बुलाओ!

[सेक्रेटरी डॉक्टर स्वामी को लेकर आता है। मोटा चश्मा, हाथ में पोर्टफोलियो।]

देशप्रेमी : डॉ. स्वामी, बैठिए। अपना परिचय दीजिए।

डॉ. स्वामी : I am an academician, an intellectual. I've been at Harvard for four years and in California for six years. I have three degrees of Doctor of Science. You see, the problem of food is an academic problem.

मानवदास : All intellectuals have their own world. They either live in the univerity campus, build their nests and lay eggs. That is their world. The intellectuals out-side are sold out either to big business or the corrupt govt.

राज्य-प्रधान : आप लोग इस देश की भाषा में बोलिए। हमारे खाद्यमंत्री बिलकुल भूमिपुत्र हैं। अंग्रेजी हिसाब की ही आती है।

मानवदास : खास बात नहीं। ये डॉ. स्वामी चार साल हार्वर्ड में रहे और छह साल केलीफोर्निया में। तीन डॉक्टरेट हैं। ये कहते हैं कि अन्न का प्रश्न बौद्धिक प्रश्न है। मैं कहता हूँ, इन बुद्धिजीवियों की दुनिया ही अलग है। ये विश्वविद्यालय में घोंसला बनाकर वहाँ अंडे देते हैं। इतनी ही उनकी दुनिया है। जो बुद्धिजीवी बाहर हैं, उन्हें या तो पैसेवालों ने खरीद लिया है या भ्रष्ट सरकार ने।

राज्य-प्रधान : हाँ, तो डॉक्टर स्वामी, आपने इस देश की खाद्य-समस्या का अध्ययन किया होगा। आप किस विषय के विशेषज्ञ हैं?

डॉ. स्वामी : मेरा विषय है—'स्टडीज इन एग्रो-इकोनॉमिक हाइपरबोल वेडालिज्म, रास्केलिटी एंड बास्टर्डनेस'।

खाद्य मंत्री : इतना बड़ा और इतना कठिन नाम और विषय! हम इसे साल भर रटें, तो भी याद नहीं कर सकते।

डॉ. स्वामी : देखिए, जो जितना बड़ा बुद्धिजीवी होता है, उसकी डिग्री और विषय भी उतना ही बड़ा होता है।

[डॉ. स्वामी पोर्टफोलियो से एक बड़ा पुलिंदा निकालकर मेज पर रखते हैं।]

डॉ. स्वामी : देश की खाद्य समस्या के बारे में मेरा यह अध्ययन है।

राज्य-प्रधान : *(सिर पकड़ लेते हैं)* वैसे ही मेरे सिर में दर्द है। आपकी यह मोटी रिपोर्ट देखकर मेरा सिरदर्द और बढ़ गया है। थोड़े में बताइए, अन्न संकट का क्या हल है?

डॉ. स्वामी : बात यह है कि अन्न की कमी क्यों है? क्योंकि इस देश में चूहे बहुत हैं। वे अन्न खा जाते हैं। चूहे इसलिए ज्यादा हैं कि इस देश में बिल्लियाँ कम हैं। अगर हमारे पास काफी तादाद में बिल्लियाँ हों, तो वे चूहे खा जाएँगी।

राज्य-प्रधान : कमाल है! क्या नायाब हल निकाला है! खाद्य-मंत्री जी, कल ही एक विशेष दूत रूस और एक अमेरिका भेज दीजिए। प्रार्थना कीजिए कि हमें पचास-पचास हजार बिल्लियाँ भेज दें। और राज्य भर में 'चूहामार विभाग' खोल दीजिए। ऐलान कर दीजिए कि जो आदमी एक चूहा मारने का सर्टिफिकेट चूहामार इंस्पेक्टर से लेकर आएगा, उसे दस रुपये इनाम मिलेगा। लीजिए, खाद्य समस्या हल!

मानवदास : पर जब चूहामार इंस्पेक्टर से लोग बिना एक चूहा मारे, घूस खिलाकर सौ चूहे मार डालने का झूठा सर्टिफिकेट लाएँगे, तब आप क्या करेंगे? वह एक हजार रुपये ले जाएगा—बिना एक चूहा मारे। आप अगर ऐलान करें कि एक बाप को मारने पर हजार रुपये मिलेंगे, तो वह दस बाप मारने का सर्टिफिकेट ले आएगा। भ्रष्टाचार इतना है।

राज्य-प्रधान : हम भ्रष्टाचार नष्ट करने की भी कोशिश कर रहे हैं। अर्थ मंत्री जी, भ्रष्टाचार खत्म करने की आपकी उस योजना का क्या हुआ?

अर्थ मंत्री : बड़ी खोजबीन के बाद हिमालय में एक हजार साल की उम्र का एक तपस्वी साधु मिल गया है। वह सदाचार का ताबीज बनाता है। यह ताबीज हर शासकीय कर्मचारी की भुजा पर बाँध दिया जाएगा। इससे वह सदाचारी हो जाएगा। साधु और उसकी जमात को सदाचार का ताबीज बनाने के लिए कारखाना खोलने को पाँच करोड़ रुपया दे दिया गया है। जल्दी ही यह ताबीज बँध जाएगा और भ्रष्टाचार खत्म हो जाएगा।

राज्य-प्रधान : आपने कमाल कर दिया! लोग बातें करते हैं कि व्यवस्था पूरी बदलो, तब सुधार होगा। इस झंझट में कौन पड़े! बिल्ली से अन्न-समस्या हल होती है और ताबीज से भ्रष्टाचार की।

मानवदास : अच्छा, देशप्रेमी जी, मैं चलता हूँ। आप कमाल कर रहे हैं। बिल्ली को अन्न-समस्या दे दी है और ताबीज को भ्रष्टाचार की। आपको बधाई! बस, इतना ही कहे जाता हूँ कि जल्दी ही इस देश में खून की नदी बहेगी, जिसमें आपके और आपके साथियों के सिर उतराएँगे।

[मानवदास चले जाते हैं।]

दृश्य 22

[राज्य-प्रधान कमरे में बैठे हैं। सेक्रेटरी आता है।]

सेक्रेटरी : साहब, विजय नारायण बाबू आए हैं।

[सेक्रेटरी जाता है। विजय नारायण का प्रवेश।]

राज्य-प्रधान : आइए विजय बाबू!

विजय बाबू : तुम तो मुझे विजय बाबू भी कह देते हो। गनीमत है। पर अखबारवाले मुझे वी.एन. कहते हैं।

राज्य-प्रधान : जी हाँ, आप सिकुड़ते चले जा रहे हैं। कल आप सिर्फ 'वी' कहलाने लगेंगे।

विजय बाबू : मैं तुमसे यह कहने आया हूँ कि तीन दिन बाद मैं तुम्हारे मंत्रिमंडल और असेम्बली को भंग करने का आन्दोलन शुरू करने वाला हूँ। तुम्हारी सरकार भ्रष्ट है।

राज्य-प्रधान : ऐसा मत करिए। सरकार भ्रष्ट कहाँ की नहीं है।

विजय बाबू : मुझे इससे मतलब नहीं है कि सरकार अच्छी है या बुरी। हर सरकार और हर असेम्बली को भंग

		करवाना मेरा कार्यक्रम है। आखिर मैं बेकार कब तक बैठा रहूँगा? कुछ तो मुझे करना पड़ेगा।
राज्य-प्रधान	:	भंग कराएँगे, तो फिर चुनाव होंगे। फिर नई सरकार बनेगी। तब?
विजय बाबू	:	तब मैं उस सरकार को भी भंग कराऊँगा।
राज्य-प्रधान	:	तो आप लगातार सरकार भंग करवाते रहेंगे?
विजय बाबू	:	हाँ, यही मेरा कार्यक्रम है। यही लगातार क्रान्ति है।
राज्य-प्रधान	:	ठीक है, आप भंग का आन्दोलन कराइए! पर याद रखिए, मेरी पुलिस है, फौज है। मैं कुचल दूँगा।
विजय बाबू	:	अच्छा, इतने घमंडी हो गए हो! देखता हूँ, तुम जीतते हो या मैं। अब मैं चला।

[विजय बाबू एकदम उठकर चल देते हैं।]

दृश्य 23

['पीली पार्टी' वाले। कुछ साधु। त्रिशूल और लाठी लिये। राजभवन के सामने जंगी प्रदर्शन।]

नारे : चूहा हमारा पूज्य है!
चूहा गणेश जी का वाहन है!
चूहा मरवानेवाले का—नाश हो!
विदेशी बिल्लियों का—नाश हो!
धर्म की—जय हो!

[जुलूस का नेता जो पीला स्कार्फ बाँधे है]

जुलूस का नेता : भाइयो और बहनो, इस राज्य में धर्म का नाश हो रहा है। इस सरकार ने विदेशों से बिल्लियाँ बुलाई हैं, जो हमारे चूहों को खा रही हैं। चूहा गणेश जी का वाहन है। चूहे पर बैठकर ही गणेश जी ने पृथ्वी की परिक्रमा की थी। उसी पवित्र चूहे को ये बिल्लियाँ खा रही हैं। चूहा हमारे लिए पूज्य है। वह हमारे देवदूत

गणेश जी का वाहन है। गणेश बुद्धि के देवता हैं, पर इस सरकार को यह दुर्बुद्धि कैसे आई कि विदेशों से बिल्ली बुलाकर हमारे पूज्य चूहादेव को खिलवा रही है! धर्म का नाश हम बरदाश्त नहीं करेंगे। कृष्ण भगवान ने गीता में कहा है कि जब-जब धर्म की हानि होती है, तब-तब मैं अवतार लेकर दुष्कर्म करनेवालों का नाश करता हूँ। इस सरकार ने ऐसा पाप किया है कि भगवान का अवतार होने ही वाला है और वे इन दुष्टों का दमन करेंगे। लोग कहते हैं कि बिल्लियाँ इस देश में भी हैं और वे मूषकदेव को खाती हैं। पर वे हमारे पवित्र देश की पवित्र बिल्लियाँ हैं। वे चूहे खाएँ, तो इससे धर्म का नाश नहीं होता। पर विदेश की बिल्ली आकर इस पवित्र भूमि के पवित्र चूहों को खाए, यह धर्म के विरुद्ध है। हम धर्म की रक्षा के लिए प्राण दे देंगे। हम चूहादेव की रक्षा के लिए अपनी जान दे देंगे। एक चूहे की रक्षा के लिए यदि एक धर्मप्राण आदमी की जान जाती है, तो कोई ज्यादा नहीं है। हम इन बिल्लियों के पीछे कुत्ते भी लगाएँगे। हम एक-एक चूहे की प्राण-रक्षा करेंगे। हमारी माँग है कि यह सरकार फौरन इस्तीफा दे। भाइयो, साधु-संतो, धर्म की रक्षा के लिए प्राण देने को तैयार हो जाओ। तोड़ो इस राजभवन के फाटक को। उस पापी राज्य-प्रधान को पकड़ो

और उसे चौराहे पर जलाकर भस्म कर दो। धर्म की—जय! चूहादेव की—जय! बढ़ो वीरो, धर्म की रक्षा के लिए।

[उत्तेजित साधु तथा भीड़ का एक हिस्सा फाटक तोड़ने की कोशिश करता है। उधर से गोलियाँ चलती हैं। कुछ साधु घायल होकर गिर पड़ते हैं। लगातार गोली चलना। भीड़ भागती है। भागती भीड़ पर भी गोली चलाई जाती है। भीड़ भाग जाती है। घायल लोगों को एम्बुलेंस से अस्पताल भिजवाया जाता है।]

दृश्य 24

[राज्य-प्रधान, कुछ मंत्री, सेठ गरीबदास, सेठ भिखारीदास बैठे हैं। राज्य-प्रधान बहुत चिन्तित हैं।]

राज्य-प्रधान : मेरी सत्ता डगमगा रही है।

गरीबदास : सत्ता डगमगाने के लिए ही होती है साब! सत्ता एक डोंगी है, जो नदी की लहरों में डगमगाती है। पर उसे फिर थाम लेते हैं।

राज्य-प्रधान : नहीं, डोंगी भँवर में फँस गई है। सब मेरे खिलाफ हो गए हैं। मैंने इस देश के लिए क्या नहीं किया? भ्रष्टाचार मिटाने के लिए ताबीज बनवाए। अनाज की समस्या हल करने के लिए विदेशों से बिल्लियाँ बुलाईं। उत्पादन बढ़ाने के लिए पूँजीपतियों को लाइसेंस और बैंक से पैसे दिलवाए। पर अब सब मेरे खिलाफ हो गए हैं—लड़के मेरे खिलाफ, मजदूर मेरे खिलाफ, गरीब मेरे खिलाफ, साधु मेरे खिलाफ! उधर विजय नारायण बाबू मेरी सरकार को उखाड़ने के लिए आन्दोलन कर रहे हैं! लड़कों से कहते हैं कि

असेम्बली के सदस्यों को घेरो और उन्हें मीटिंग में मत जाने दो। इधर असेम्बली में अविश्वास का प्रस्ताव आ रहा है।

भिखारीदास : पर देशप्रेमी जी, हम तो आपके साथ हैं। *(एक मंत्री से)* मंत्री जी, एक मेम्बर कितने में बिकता है?

मंत्री : अलग-अलग कीमतें हैं। कोई लाख में बिकता है, तो कोई 90 हजार में ही।

भिखारीदास : तो टोटल करके बताइए। हम खरीद लेंगे। दो-चार करोड़ लगेंगे, और क्या! क्यों गरीबदास जी?

गरीबदास : हाँ-हाँ, जितने मेम्बर कहो, हम खरीद लेंगे।

एक मंत्री : मेरा तो विचार है कि अन्धेर नगरी से लड़ाई कर लें। लड़ाई होगी तो लोग सब बातें उत्तेजना में भूल जाएँगे। 'देश की रक्षा के लिए मेरे हाथ मजबूत करो'—यह नारा आप दें तो सब लोग आपके पीछे खड़े हो जाएँगे।

राज्य-प्रधान : रक्षामंत्री ने कितनी बार तो अन्धेर नगरी की सरहद में घुसपैठ कराई, पर अन्धेर नगरी का प्रधानमंत्री लड़ता ही नहीं है। कहता है—सीमा पर ऐसी छुटपुट घटनाएँ दुनिया भर में होती रहती हैं। हम बातचीत से समस्या को हल करेंगे। मगर बातचीत से मेरी सरकार का क्या फायदा?

वही मंत्री : तो हम अन्धेर नगरी पर हमला कर दें? फिर तो वह लड़ेगा।

राज्य-प्रधान : भई, मैं कई दूत उस प्रधानमंत्री के पास भेज चुका कि आओ दस-पन्द्रह दिनों को लड़ लें।

तुम और मैं दोनों चार-पाँच साल जनता को बेवकूफ बनाएँ, पर वह लड़ता ही नहीं। कहता है—बातचीत कर लेंगे!

गरीबदास : तो फिर मेम्बर खरीदने का इन्तजाम तो हम लोग करते हैं। इस तरफ से आप बेफिक्र रहिए। बाकी जनता को खुश करने के लिए आप कुछ सोचिए।

राज्य-प्रधान : मैंने तय कर लिया है। जनता के दिल को जीतना मैं जानता हूँ। गृहमंत्री जी?

गृहमंत्री : जी साहब!

राज्य-प्रधान : ऐलान करवाइए कि परसों शाम को चौपट चौक में मैं जनसभा को सम्बोधित करूँगा। ऐलान करवाइए कि मैं जनता को भगवान मानता हूँ। मैं सीधा जनता की अदालत में पहुँचूँगा और जनता जो फैसला देगी, वह मानूँगा। इन्तजाम अच्छा हो। जनता के बीच अपने काफी एजेंट बैठे हों, जो ताली बजाएँ और जय बोलें। गरीबदास जी और भिखारीदास जी, आप भी अपने आदमी वहाँ बिठाइए। तो यह तय रहा। *(सब 'जी हाँ' बोलते हैं)* बस, यही एक रास्ता बचा है। और आप लोग देखेंगे कि मैं जादू कर दूँगा। अब आप लोग तैयारी में जुट जाइए।

[सब चले जाते हैं।]

दृश्य 25

[एक भारी सभा। मंच पर मंत्री, दोनों सेठ और दो धंधेवाले नेता बैठे हैं। पुलिस का बड़ा इन्तजाम है। देशप्रेमी पैदल आ रहे हैं—कार दूर खड़ी है। पुलिस घेरे है।]

[मंच से एक धंधेवाला नेता बोलता है—'हमारे राज्य-प्रधान देशप्रेमी जी पधार रहे हैं, देशप्रेमी जी की जय!'—सिर्फ एजेंट जय बोलते हैं। देशप्रेमी जी मंच पर एकदम चढ़ जाते हैं। बनावटी गुस्से से पुलिसवालों को डाँटते हैं—'तुम लोग क्यों राइफल लिये मुझे घेरे हो? मैं जनता के बीच में हूँ। जनता ही मेरी रक्षक है। हटो, यहाँ से!']

किराये का नेता : राज्य-प्रधान जी और जनता आमने-सामने हैं। मैं बीच में नहीं आना चाहता। राज्य-प्रधान जी से प्रार्थना करता हूँ कि वे सीधे जनता से बात करें।

राज्य-प्रधान : बहनो और भाइयो, सबसे पहले मैं यह कह दूँ कि मैं अपना बचाव करने नहीं आया, अपने पाप स्वीकार करने आया हूँ। *(एजेंट तालियाँ बजवाते हैं)* सचमुच मुझे बड़ी ग्लानि है कि तीन साल मुझे सत्ता में हो गए और मैं जनता को सुखी नहीं

बना सका। इस ग्लानि से मुझे नींद नहीं आती। तुलसीदास ने कहा है—'जासु राज प्रिय प्रजा दुखारी, सो नृप अवस नरक अधिकारी!'—जिस शासक के राज में प्रिय प्रजा दुखी हो, वह नर्क जाने का अधिकारी है। मैं इस तैयारी के साथ आया हूँ कि मुझ जैसे पापी राज्य-प्रधान को जिसकी प्रजा दुखी है—उसे प्रजा यहीं इसी चौपट चौक पर मारकर नर्क भेज दे। *(तालियाँ)* आप लोग तालियाँ मत बजाइए, मुझे धिक्कार कहिए। हाय, कितनी गरीबी, कितनी भुखमरी, कितनी मुसीबत इस जनता को है! जब मैं इसे देखता हूँ तो मुझे रोना आता है। *(रूमाल से आँखें पोंछता है)* और फिर मैं सोचता हूँ कि मुझ पापी से कुछ नहीं हो सका। अच्छा है कि मैं मर जाऊँ। कई बार मैंने आत्महत्या करने की सोची, पर फिर विचार आया कि पहले जनता-जनार्दन के सामने अपने पाप, अपनी असफलता स्वीकार लूँ और इसके बाद आत्मदाह कर लूँ। इस पापी असफल शासक से जनता का पिंड छूटे। गोस्वामी तुलसीदास ने कहा है—'को न राजपद पाय नसाई!' राजपद पाकर किसका नाश नहीं होता। मैं 'नसाई' की जगह 'नशाई' कहना चाहता हूँ। राजपद का नशा किसे नहीं आता?

भाइयो, जनता की अदालत में मैं झूठ नहीं बोलूँगा। जो कफन साथ लेकर आया है, वह

झूठ क्यों बोलेगा? उसे कल तो रहना नहीं है। *(कफन बताता है)* मैंने कोशिश पूरी की। अनाज समस्या को हल करने के लिए मैंने विदेशों से एक लाख बिल्लियाँ बुलाईं। पर कुछ लोगों को एतराज हुआ कि ये बिल्लियाँ गणेश जी के वाहन चूहे को खा रही हैं। मैं उनकी भावना की कद्र करता हूँ। मैंने ऑर्डर दे दिया है कि सारी बिल्लियाँ उनके देश भेज दी जाएँ। मैंने चार देशों से इतना अनाज मँगवाया है कि हर देशवासी को भरपूर अनाज मिलेगा। और फिर अगली फसल हमारे देश में अच्छी आनेवाली है। इसका लाभ आप लोगों को मिलेगा। मैं तो अपना पद त्यागकर या तो संन्यास ले लूँगा या शरीर त्याग दूँगा। मैंने भ्रष्टाचार खत्म करने के लिए ताबीज बनवाए और सरकारी कर्मचारी की भुजा पर बँधवा दिये। पर मैंने देखा कि पहली तारीख को तनखा मिलती है तो दो-तीन तारीख को कर्मचारी घूस नहीं लेता, पर तीस तारीख को ले लेता है क्योंकि उसकी तनखा खत्म हो जाती है। इस तरह यह ताबीज भी कामयाब नहीं हुआ। अब मैंने भ्रष्टाचार खत्म करने की नई योजना बनाई है, जो पूरी तरह सफल होगी और भ्रष्टाचार जड़मूल से खत्म हो जाएगा। बहुत-सी बातें मुझे इन तीन सालों के अनुभव से समझ में आई हैं। मैंने बेरोजगारी खत्म करने के लिए भी

योजना बनाकर रख दी है। मेरे बाद जो शासन करेंगे, वह उनके काम आएगी।

इधर पड़ोसी देश अन्धेर नगरी हमसे दुश्मनी पाले है। मैंने दुनिया के बड़े-बड़े ताकतवर देशों से सन्धि कर ली है, मैंने फौज की ताकत तीन गुनी कर दी है और अन्धेर नगरी को चौपटराज कुचलकर रख देगा। यह सब मेरे बाद होगा। मैं नहीं रहूँगा, पर वनवास में रहूँ, स्वर्ग में या नर्क में—इस देश का दर्द मेरे दिल में रहेगा। इस देश की जनता का भला मेरे दिल में रहेगा—वह दुखी जनता, जो मुझे इतनी प्यारी है। *(फिर रोने लगता है। रूमाल से आँसू पोंछता है)* आप लोग, इस पापी को माफ कर दें। *(तालियाँ)* मैं आपसे हमेशा के लिए विदा होता हूँ।

[गिर पड़ता है। लोग सँभालते हैं।]

मानवदास : अरे लोगो, यह सब धोखा है, झूठे आँसू हैं—यह नम्बर एक का मक्कार है!

[चार-छह लोग मानवदास को पकड़कर पीटने की तैयारी में हैं।]

देशप्रेमी : *(एकदम उठकर माइक पर)* नहीं, मानवदास जी को छोड़ दो। उन्हें कहने दो। मैं तो खुद सलीब पर चढ़ रहा हूँ। मैं ईसा की तरह प्रभु से यही कहता

हूँ—हे पिता, इन्हें क्षमा कर क्योंकि ये नहीं जानते कि ये क्या कर रहे हैं।

[मानवदास यह कहता हुआ चला जाता है—साला, अब ईसा बनता है। अरे हम जानते हैं—हम, क्या कर रहा है।]

[देशप्रेमी गरदन झुकाए इस तरह बैठे हैं, जैसे गले पर तलवार पड़ने वाली हो!]

पहला नेता : भाइयो और बहनो, आपने हमारे राष्ट्र-प्रधान देशप्रेमी जी की बातें सुन लीं। इतना साफ दिल, ऐसी साफ बात, अपनी ऐसी दो टूक आलोचना—दुनिया के इतिहास में कोई दूसरा ऐसा उदाहरण है, जब किसी देश प्रधान ने खुलेआम अपनी गलती इस तरह स्वीकारी हो और सत्ता छोड़कर संन्यास लेने या देह त्याग करने की घोषणा की हो? उनकी हालत देखकर कठोर से कठोर दिल भी पिघल जाएगा। अब सब कुछ जनता के हाथ में है।

[जनता अब तक प्रभावित हो चुकी है]

दूसरा नेता : मैं जनता की भावना समझ रहा हूँ। जनता चाहती है कि जो महान आदमी इस तरह जनता के सामने अपने पाप, अपनी असफलता मंजूर करता है; जो सत्ता से चिपका नहीं रहना चाहता; जो अपनी इच्छा से सत्ता और देह, दोनों को

त्यागने के लिए तैयार है—ऐसे अमूल्य आदमी को यह देश खोना नहीं चाहता। उनके पास देश की खुशहाली के लिए कई नई योजनाएँ हैं। वे नहीं होंगे तो इन योजनाओं को कौन चलाएगा? मेरा तो विनम्र प्रस्ताव है कि जनता उन्हें मजबूर करे कि वे कम-से-कम दस साल राज्य-प्रधान बने रहें। मैं जनता की इच्छा उन तक पहुँचाना चाहता हूँ। आप एक स्वर से कहिए—दस साल सत्ता में रहिए!

भीड़ : दस साल सत्ता में रहिए!

[तीन बार]

पहला नेता : मैं देशप्रेमी जी से प्रार्थना करता हूँ कि वे जनता की इच्छा को न टालें।

देशप्रेमी : *(माइक लेकर)* नहीं, नहीं, मैं अब नहीं रहूँगा। कोई मुझसे ज्यादा योग्य आदमी को देश चलाने दीजिए।

पहला नेता : नहीं, जनता सर्वोपरि है। जनता की आवाज ईश्वर की आवाज है। इस आवाज को आपको मानना होगा। जनता मेरे साथ आवाज दे—रहिए, रहिए, रहिए!

[जनता आवाज लगाती है]

देशप्रेमी : *(खड़े होकर—हाथ जोड़कर)* अगर ऐसा है तो जनता का आदेश मैं मानता हूँ।

नेता : देशप्रेमी जी की—जय!
देशप्रेमी जी—जिन्दाबाद!
विरोधियों का—नाश हो!
अब जनता का कर्तव्य है कि मेम्बरों को घेरे और उन्हें मजबूर करे कि वे विश्वास का प्रस्ताव असेम्बली में लाएँ। उठिए और काम में लग जाइए। अब देशप्रेमी जी बहुत थक गए हैं, बहुत दुखी भी। उन्हें आराम करने दीजिए। सभा समाप्त होती है।

[एक बार फिर जिन्दाबाद और जय के नारे लगवाए जाते हैं।]

[देशप्रेमी चारों तरफ हाथ जोड़ते हुए कार की तरफ बढ़ते हैं। भीड़ तितर-बितर हो जाती है।]

दृश्य 26

[देशप्रेमी जी का कमरा। देशप्रेमी, गरीबदास, भिखारीदास, दो-तीन मंत्री बैठे हैं।]

देशप्रेमी : कहिए, जनता को कैसा बनाया!

एक मंत्री : आपकी वाणी और व्यक्तित्व में जादू है।

देशप्रेमी : जादू कुछ नहीं है जी! अगर जनता के सामने कह दो कि मैं पापी हूँ तो जनता पापी को पापी नहीं मानती। उसे पुण्यात्मा मानने लगती है।

दूसरा मंत्री : जी हाँ, इसीलिए संत कहते थे—'मो सम कौन कुटिल खल कामी' और भगवान तक बुद्धू बन जाते थे और उन्हें स्वर्ग में बँगला 'अलाट' हो जाता था।

गरीबदास : जनता तो जी बेवकूफ है। जिधर चाहो, झुला लो। झुलानेवाला चाहिए।

भिखारीदास : कहाँ चले गए वे विजय नारायण बाबू जो आपको उखाड़ने का आन्दोलन कर रहे थे?

देशप्रेमी : सब चौपट हो गए। जनता मेरे साथ हो गई। अब चार-छह युवा नेताओं को नौकरी दे देता हूँ, तो

लड़के भी मेरी तरफ! योजना मंत्री जी, बनाइए पंचवर्षीय योजना। उसमें गरीबदास जी और भिखारीदास जी का खास खयाल रखिए!

योजना मंत्री : हाँ, साहब, आप दोनों ने ही तो लगातार हमारा साथ दिया है।

देशप्रेमी : *(जम्हाई लेकर)* बहुत थक गया! सेक्रेटरी, मिस मंजू को व्हिस्की लेकर भेजो।

सेक्रेटरी : जी साहब! *(चला जाता है)*

[बाकी लोग उठते हैं।]

गरीबदास : अब हम लोग चलते हैं। नमस्ते!

देशप्रेमी : नमस्ते नहीं। बोलिए, इंकलाब जिन्दाबाद!

दोनों सेठ : इंकलाब जिन्दाबाद!

देशप्रेमी : मंत्री लोग ठहर जाएँ। साथ व्हिस्की पिएँगे। पंचवर्षीय योजना का अभी उद्घाटन करते हैं।

[पर्दा गिरता है]

फेड आउट